"Robert Morris deja en claro una verdad muy importante: no podemos reconocer la voz de Dios constante y confiablemente si no conocemos Su Palabra. Como nuestro Padre amoroso, Dios desea una relación con Sus hijos. Él se reveló a Sí mismo en Su Palabra, no para que pudiéramos tener una amistad personal con un libro, sino con un Padre vivo, omnisciente, lleno de amor.

"El reino espiritual está lleno de sonidos. Muchos de ellos son impresiones sutiles, distractoras y engañosas. Es imperativo que los creyentes conozcan la Palabra de Dios para discernir esos sonidos. Robert le ayuda a llegar al lugar donde, como una de las ovejas de Dios, usted pueda escuchar y reconocer la voz del Pastor. Empezará a experimentar una relación que algunas personas nunca imaginaron que fuera posible, pero el Dios de lo imposible lo hace una realidad permanente".

—James Robison
Fundador y presidente de *Life Outreach International*; Fundador y editor de *The Stream* (stream.org)

"*Frecuencia* es una guía segura e infalible para discernir y prestar atención a la voz de Dios, tal como la Palabra de Dios nos enseña esta disciplina. Robert Morris provee una percepción profunda para aprender a vivir 'sintonizados' con el corazón de Dios: un camino que forma carácter, engendra humildad genuina y lleva crecimiento consagrado a una vida obediente, dependiente y sensible de intimidad con nuestro Creador".

—Jack W. Hayford
Pastor emérito, *The Church on the Way*

"Al leer la Biblia sabemos que Dios les habló a las personas de forma audible, así como también a través de profetas, sueños, visiones y circunstancias. Aunque siempre podemos confiar en lo que Dios nos dice a través de Su Palabra, puede ser complicado recon~~~~ do Dios está hablando en otras for~~~~   lo con el nuevo libro del Pastor Robert Morris, *Frecuencia: Sintonícese. Escuche a Dios*. En este libro importante, él claramente muestra diferentes formas en las que Dios aún habla hoy en día y nos ayuda a aprender cómo reconocer cuando Dios habla. Si estamos escuchando, Dios está diciendo".

—Craig Groeschel
Pastor principal, LifeChurch.tv; y autor, *From This Day Forward*

Permita que *Frecuencia* y Robert Morris sean su entrenador espiritual mientras aprende a escuchar la voz de Dios y vea su vida y fe remontarse a un nuevo nivel. No se arrepentirá".

—John Maxwell
Autor de éxitos de ventas n. 1 del *New York Times*

"Robert Morris ha sido un amigo cercano, personal, por más de veinte años. Él es verdaderamente un hombre que escucha a Dios. El secreto de su éxito es muy sencillo: él busca a Dios, escucha a Dios y obedece a Dios. Este libro le ayudará a hacer lo mismo. Se lo recomiendo altamente a todo el que quiera crecer en su relación con el Señor y experimentar mayor victoria en su vida".

—Jimmy Evans
Fundador y CEO, *Marriage Today*

"He conocido a Robert Morris por muchos años, siempre he admirado su habilidad para escuchar a Dios hablar de forma clara y con autoridad. En *Frecuencia* Robert comparte sus experiencias —buenas y malas—, y les da a los lectores algunas herramientas prácticas para sintonizarse con la única voz que necesitan escuchar más que cualquier otra".

—Dave Ramsey
Autor de superventas del *New York Times* y anfitrión de un programa de radio difundido a nivel nacional

"'¿Cómo puedo escuchar a Dios?' Preguntan tanto el creyente como el escéptico y es la pregunta que le hacen con más frecuencia al Pastor Robert Morris. Es una pregunta muchas veces repetida que escucho cuando viajo. Escuchar a Dios empieza por una relación con Él, 'un privilegio increíble', y 'una responsabilidad increíble' que involucra ser 'mayordomos cuidadosos de la voz de Dios', escribe Morris. En estas páginas escuchará de alguien con un corazón tierno para Dios, toda una vida de lucha con estos temas y un anhelo de conectar a las personas con Él. Estoy encantado de recomendar el libro de mi amigo Robert Morris y de saber que sus palabras le animarán, enseñarán e inspirarán".

—Ravi Zacharias
Escritor y conferencista

Una de mis cosas favoritas acerca del Señor es que podemos escuchar Su voz. En *Frecuencia*, el pastor Robert Morris ha ofrecido muchas herramientas increíbles en cuanto al valor de la voz de Dios y cómo escuchar y buscar lo que Él está diciendo a través de las diferentes formas en las que Él se comunica con Sus hijos. Este libro le acercará más al corazón del Padre a medida que descubre cuán relacional Él es y aprende acerca de Su anhelo por comunicarse personalmente con usted justo en medio de su vida diaria".

—Kari Jobe Carnes
Artista ganadora de Premios Dove y nominada a los premios Grammy

"Nuestra vida muchas veces está llena de estática, haciendo difícil que podamos escuchar los mensajes más importantes que Dios está tratando de hacernos llegar. Es por eso que estoy emocionado que mi amigo Robert Morris haya escrito *Frecuencia*. Sintonizarse con la voz de Dios es una destreza espiritual que Robert ha desarrollado a través de años de fiel liderazgo y ministerio. Permitan que él sea su audiólogo pues que este libro prueba su habilidad para escuchar a Dios y desarrolla sus destrezas para escuchar el mensaje de Dios para su vida".

"El mejor consejo que le puedo dar a alguien es: 'Escuche a Jesús y haga lo que Él dice'. Pero como creyentes no siempre entendemos *cómo* escuchar a Dios o *cuándo* nos está hablando. Es por eso que me encanta el nuevo libro de Robert Morris, *Frecuencia*. Robert muy clara y elocuentemente divide las muchas formas en que Dios le habla a Su pueblo. Les aseguro que leer las páginas de este libro le acercará más a Jesús mientras aprende a escuchar Su voz más claramente".

FRECUENCIA

ROBERT MORRIS

CASA
CREACIÓN

Frecuencia por Robert Morris
Publicado por Casa Creación
Una compañía de Charisma Media
600 Rinehart Road
Lake Mary, Florida 32746
www.casacreacion.com

Traducido por: Ivette Fernández-Cortez
Edición por: Nancy Carrera
Diseño de la portada por: Vincent Pirozzi
Director de diseño: Justin Evans

Visite la página web del autor: www.gatewaypeople.com

Este libro está dedicado a los miembros de Gateway Church.
Ellos tienen el deseo más ferviente que yo jamás haya visto
de escuchar la voz de Dios y de caminar con Él.

La naturaleza de Dios es hablar.

—A. W. Tozer

CONTENIDO

¿CÓMO PUEDO ESCUCHAR A DIOS?

El que es de Dios escucha las palabras de Dios.
—Juan 8:47

La zarza ardía, pero nunca se convirtió en ceniza. Solamente seguía ardiendo, ardiendo, ardiendo sin consumirse, y el pastor estaba tan intrigado por el extraño espectáculo que dejó al rebaño que cuidaba para acercarse al arbusto que ardía. Nunca antes había sucedido algo como esto en el extremo lejano del desierto, cerca del monte de Horeb; por lo menos nada que el pastor haya visto antes. Nada ardía alrededor del arbusto, solamente ese arbusto. Cuando el pastor miró atentamente al extraño espectáculo, las llamas continuaban trepando las ramas, danzando alrededor de las hojas del arbusto, y emitiendo calor y humo al igual que lo haría cualquier fuego normal, pero el pastor sabía que este no era un fuego normal.

El día estaba por volverse más extraño aún, aunque el pastor todavía no lo sabía. El Señor vio que el hombre se había acercado a ver, así que una Voz lo llamó desde el arbusto. "¡Moisés! ¡Moisés!".

Uno pensaría que, si un hombre oye una voz saliendo de un lugar inusual, tal como un arbusto en llamas, él daría la vuelta y saldría corriendo por las montañas. O quizá agarraría su vara y le daría un buen golpe al arbusto, pensando que se ha vuelto loco y está escuchando cosas. Estos días fueron mucho antes de los micrófonos y los altoparlantes. Si se escuchaba una voz, solamente provenía de personas. ¿Cómo puede estar una persona dentro del fuego que quemaba al arbusto?

Sin embargo, el pastor no corrió. El pastor respondió a la Voz diciéndole sencillamente "Heme aquí" (Éxodo 3:4). Él debe haber percibido algo conocido en el sonido de la Voz; algo que, al mismo tiempo, era increíblemente fuerte e increíblemente tranquilizador.

"No te acerques más —le dijo Dios—. Quítate las sandalias, porque estás pisando tierra santa. Yo soy el Dios de tu padre. Soy el Dios de Abraham, de Isaac y de Jacob" (versículos 5–6, NVI).

Y la conversación extraña y maravillosa continuó a partir de allí.

ESCUCHAR LA VOZ DE DIOS

Siempre que escucho esta frase: "Pastor Robert, ¿puedo preguntarle algo?". Tengo una buena corazonada de lo que viene. Se debe a que, durante más de treinta años de ministerio, he escuchado esa misma gran pregunta vez tras vez. Esta pregunta proviene de personas de mi propia congregación, estudiantes de la universidad que han sido mis alumnos, personas que buscan mi consejo cuando predico en otras iglesias, y de pastores y líderes en conferencias. La pregunta es "¿Cómo puedo escuchar a Dios?".

A veces, la pregunta se formula de manera ligeramente diferente: "¿Cómo puedo aprender a escuchar la voz de Dios más claramente?", o "¿Cómo puedo discernir la voz de Dios?", o "¿Cómo puedo estar seguro de que la voz de Dios me habla?". Pero la intención tras la pregunta es la misma. La gente no anda buscando zarzas ardiendo precisamente. Sin embargo, al igual que Moisés, ellos quieren estar disponibles cuando Dios les hable. Quieren conectarse con Dios más profundamente y comprender cómo escuchar la voz de Dios.

Estoy escribiendo este libro para dar una respuesta más completamente desarrollada a esta pregunta. Se necesita de una respuesta más completa, amplia, porque la explicación de cómo escuchar la voz de Dios no es algo que pueda darse en una fórmula rápida. En vez de eso, surge intrínsecamente como parte de una relación genuina y abierta con Dios. Si usted quiere escuchar la voz de Dios, entonces tiene que conocer a Dios como persona, y eso requiere tiempo e intención, muy similar a lo que se requiere para conocer a cualquier amigo.

Tal como A. W. Tozer dijo:

> Creo que mucha de nuestra incredulidad religiosa se debe a
> que tenemos una equivocada concepción de las Escrituras
> de Verdad. Un Dios silencioso comienza a hablar súbita-
> mente en un Libro, y cuando éste queda terminado, vuelve

a guardar silencio por el resto de los siglos. Y ahora leemos
el libro como si fuera solo el registro de lo que Dios dijo en
los tiempos que hablaba.

Con nociones como esta en nuestra cabeza, ¿cómo podemos creer?

El hecho es que Dios no está mudo y silencioso, que
nunca lo ha estado. Está en la naturaleza de Dios hablar.
La segunda persona del Dios Trino es llamada la *Palabra*.
La Biblia es el resultado del continuo hablar de Dios. Es la
declaración infalible de su mente dicha para nosotros en
palabras comprensibles y familiares.

Creo que un nuevo mundo surgirá de la actual niebla
religiosa cuando nos acerquemos a la Biblia con la idea de
que no sólo es un libro que una vez ha hablado, sino uno
que *habla todavía*.[1]

Descanse en la seguridad de que Dios siempre ha sido un Dios
que habla, y que Él continúa hablándonos hoy día. Solo en el Nuevo
Testamento, Jesús dice quince veces: "El que tiene oídos para oír, que
oiga". En Juan 8:47, Jesús dice: "El que es de Dios, escucha las palabras de Dios". Y en Juan 10:27, Jesús dice: "Mis ovejas oyen mi voz,
y yo las conozco y me siguen". Lea esos versículos nuevamente si necesita hacerlo. Observe las palabras clave de la conversación mencio-
nadas en cada versículo: *oír, palabras de Dios* y *voz*.

Ciertos líderes cristianos insisten en que Dios ha dejado de hablar hoy día o que Dios habla solamente a través de las páginas de
la Escritura, y que, si usted no puede citar el libro, capítulo y versículo, entonces Dios no ha hablado. Esta manera de pensar se apoya
principalmente en Apocalipsis 22:18–19, donde Dios le advierte al
pueblo a no añadir nada a la Escritura.

Yo me adhiero fuertemente a la enseñanza de Apocalipsis
22:18–19, de la misma manera me adhiero a toda la enseñanza de la
Biblia. Dios nos advierte a no añadir nada a la Escritura y yo estoy
de acuerdo. No podemos añadir nada a la Escritura. No debemos

hacerlo. Sin embargo, la Escritura indica que Dios todavía habla. De manera que tenemos que reconciliar estas dos verdades.

Quizá la terminología misma *Dios habla* es lo que crea tensión en primer lugar. Así que necesitamos definir de qué estamos hablando. Está la obra de Dios a la que conocemos como *inspiración*: donde Dios guio al hombre a escribir las Escrituras, con el mismo resultado como si Dios las hubiera escrito. Luego, está la *insistencia con la que el Espíritu Santo* nos redarguye, guía, afirma y nos da sabiduría. Ambas obras de Dios están clasificadas bajo toda la sombrilla de *Dios habla*, pero estas obras no son iguales. Cuando el Espíritu Santo me guio a empezar Gateway Church, de donde soy el pastor principal hoy día, escuché muy bien a Dios hablar a mi corazón sobre ese asunto. Sin embargo, solo porque escuché a Dios hablarme, no significa que yo podía escribir lo que el Espíritu Santo me había recalcado y, luego, insistir que yo había recibido un libro adicional para la Biblia.

Entonces hay dos verdades qué reconciliar: (1) La Escritura está completa. Sí. (2) Y el Espíritu Santo aún guía e indica, y redarguye y dirige. Sí. Este segundo concepto es a lo que me refiero en este libro cuando digo: "Dios habla". Dios nos habla en nuestro espíritu. Su Espíritu le testifica al nuestro. Dios no nos da libros adicionales para la Biblia. Él no nos habla audiblemente. No escuchamos Su voz de la misma manera que escucharíamos la de alguien en el teléfono.

Sin embargo, Él aún habla.

Dios habla a su corazón

Hace años, mi pastor anterior, Olen Griffing, se metió en problemas con los líderes de su denominación porque él creía y predicaba que Dios aún habla. Los líderes formaron un comité de credenciales, se reunieron, e interrogaron al pastor Olen durante varias horas acerca del tema. Finalmente, el pastor Olen se dirigió al presidente del comité, un pastor, y le dijo: "Me ha estado haciendo preguntas durante tres horas. Por favor, permítame hacerle una pregunta".

El hombre asintió; entonces, Olen le preguntó: "¿Fue usted llamado a predicar?".

El hombre asintió nuevamente, y entonces, Olen añadió: "¿Quién lo llamó a predicar?".

El hombre aclaró su garganta y dijo: "Bueno, Dios lo hizo".

Olen respondió: "Bien, ¿le importaría decirme qué versículo de la Biblia contiene su nombre y dice que usted fue llamado a predicar?".

El hombre bajó la cabeza y se quedó callado.

Pastor Olen hizo un resumen: "Dios nunca dice nada a nuestro corazón que sea contrario a lo que ya ha revelado en la Biblia. Sin embargo, en la misma manera en que Él lo llamó a usted a predicar, Él continúa hablando al corazón de las personas en todas partes. Esa es la manera en que Dios habla hoy".

Permítame decir sencillamente que, en ningún momento, es mi intención crear separación dentro de la comunidad cristiana con este libro. De hecho, yo diría que la mayoría de nosotros está ya en el mismo sentir. A veces, usamos terminología diferente, así como lo hizo Olen con su comité de credenciales. El espíritu de unidad en el cuerpo de Cristo es por lo que quiero abogar.

Tanto el Antiguo como el Nuevo Testamento claramente describen a Dios como un Dios que habla. La tarea verdadera, y maravillosa oportunidad, es que aprendamos a escuchar Su voz. Eso es a lo que quiero llamar su atención, porque es mi carga por todos los cristianos de todas partes. Necesitamos saber que Dios aún les habla a Sus hijos hoy día, y necesitamos aprender a escucharlo y responder a Su voz. Quiero que todo creyente tenga una relación íntima, continua y apasionada con Jesucristo para que todos amemos, sirvamos y sigamos Su voz.

Amigos, la buena noticia es que no necesitamos andar por la vida a ciegas. No necesitamos confiar en nuestro propio entendimiento. La verdad de que Dios habla aún nos da esperanza, afirmación y confianza.

¡Ustedes pueden aprender a escuchar a Dios!

—ROBERT MORRIS
DALLAS, TEXAS

CAPÍTULO UNO

LA BELLEZA DE SER OVEJA

Cuando saca todas las suyas, va delante de ellas,
y las ovejas lo siguen porque conocen su voz.
—Juan 10:4

Supongamos que usted está en un grupo pequeño en su iglesia y quiere romper el hielo, entonces hace un pequeño juego para empezar. Un gran juego para esta ocasión se llama "Dos verdades y una mentira", ¿lo ha jugado? Tiene que decir tres cosas de sí mismo, mientras más extravagantes, mejor. Dos de las cosas deben de ser ciertas, y la otra, falsa. Luego, las personas en el salón tratan de adivinar cuál enunciado no es verdadero.

Entones, juguemos eso, aquí y ahora. Empezaré por contarles una historia que incluye tres enunciados acerca de mí. Dos serán ciertos, y el otro no. Adivine cuál es mentira. Aquí vamos:

+ **Enunciado número uno:** Mi esposa, Debbie, y yo hemos estado casados por más de treinta y cinco años. ¿Se imagina? ¡Treinta y cinco años!

+ **Enunciado número dos:** Durante ese tiempo hemos pasado altos y bajos, alegrías y tristezas, hijos y nietos, y todo lo demás. Yo diría que después de treinta y cinco años juntos, Debbie me conoce muy bien, y también, conozco a Debbie muy bien.

+ **Enunciado número tres:** (más que un enunciado, esta es una pequeña historia): Apenas la semana pasada, Debbie me llamó por teléfono y me saludó con una palabra: "Hola".
  Yo dije: "¿Quién habla?".
  Ella respondió: "Ah es tu esposa, Debbie".
  Yo dije: "Debbie, ¿qué?".
  Ella respondió: "Ya sabes Debbie. Debbie Morris, tu esposa.

Hemos estado casados por más de treinta y cinco años. Me recuerdas ¿no?".

Fin de la historia.

Bien, ¿cuáles son las dos verdades, y cuál es mentira? La parte de que Debbie y yo hemos estado casados por más de treinta y cinco años es verdad. Y la parte acerca de que hemos atravesado altas y bajas y todo lo demás es cierto. Pero la parte acerca de que no reconocí la voz de Debbie en el teléfono es falso. Estoy seguro de que usted entendió eso. ¿Sabe por qué es mentira? Porque después de más de treinta y cinco años juntos, yo puedo reconocer fácilmente su voz. La voz de ella es inmediatamente conocida para mí. Yo ni siquiera tengo que preguntar quién es. Todo lo que Debbie necesita decir es una palabra del otro lado del teléfono, *hola*, y en mi mente no hay duda de que es mi esposa.

¿Cuál es mi punto?

Jesús nos llama a una relación cercana, similar, con Él en la que nosotros podamos reconocer Su voz en un instante. Y eso no requiere treinta y cinco años. ¿Puede imaginarse lo maravilloso que es esto? El Dios del universo nos invita a disfrutar una relación familiar con Él, una relación donde oramos a Él y nos escucha, y en la que Él habla y nosotros lo escuchamos. Un diálogo verdadero.

Hay una verdad fundamental que necesitamos comprender por adelantado, la verdad gloriosa que Dios quiere hablar con nosotros. Usted necesita aferrarse a esta maravillosa verdad. Si no lo hace, entonces podría sumergirse en la Biblia con la duda exasperante si existe algo en esta experiencia de que Dios habla. Quizá Dios no quiere hablar con usted. Tal vez Él guarda Su consejo y nunca lo dice.

Pero no, Dios sí quiere hablar con usted y conmigo. Dios incluso quiere que nosotros dependamos de escucharlo a Él de la misma forma en que dependemos de llenar nuestros pulmones de aire para respirar. En Mateo 4:4, Jesús, cuando fue tentado por el diablo, citó

Deuteronomio 8:3: "el hombre no solo vive de pan, sino que vive de todo lo que procede de la boca del Señor". ¿Entendió eso? Debemos vivir de las palabras que salen de la boca de Dios. Estas nos nutren y alimentan, incluso mejor que la comida verdadera.

Esa verdad puede ser asombrosa si usted nunca ha pensado en eso antes, pues esa es la forma en que Dios quiere que vivamos principalmente, no por nuestra consciencia, o las prédicas del pastor, o por nuestra asistencia a la iglesia cada domingo. Dios quiere que vivamos por Su voz.

VIVIR POR LA VOZ DE DIOS

A veces, a nosotros los cristianos, se nos dificulta vivir de esta manera. No estamos familiarizados con la idea de vivir por la voz de Dios. Suena extraño y, quizás un poco aterrador. A la gente que anda diciendo que escucha a Dios la ponen en camisas de fuerza, ¿verdad?

Sin embargo, hágase esta pregunta: ¿Cuál es la diferencia principal entre una persona que cree en Jesucristo y una que no cree? O, hagámoslo personal: Si usted es cristiano, ¿cuál es la diferencia principal entre usted y un no creyente?

La diferencia es que usted tiene una relación personal con Dios.

En una relación personal, lo que experimenta con Dios no es simplemente religión. Usted no se clasifica en una denominación determinada, ni concuerda mentalmente con un montón de datos acerca de Dios. En vez de eso, experimenta una conexión profunda, intensa con Dios a través de Su hijo, Jesucristo. Su relación es personal porque es algo que solo usted experimenta. Su abuelo no puede sentir esa fe por usted. Su pastor no puede hacer esa conexión por usted. Una relación personal con Dios es lo que el apóstol Pablo describe en Efesios 5:22–23. Jesucristo es un ser vivo, pensante y activo, y Pablo describe, por medio de una analogía, que el amor de Jesús por la iglesia es igual al amor de un esposo por su esposa.

Entonces, una relación personal tiene que incluir comunicación; es obligatorio. De lo contrario, ¿cómo podría alguien tener una relación personal con Dios? Si no sucede un diálogo verdadero, sería un intento de comunicación unilateral, nosotros viendo al cielo, hablándole a Dios, pero sin escuchar nada a cambio. Dios habla. Eso es un hecho bíblico. El patrón de que Dios se comunica con la humanidad está comprobado a lo largo de la Escritura. Dios les habló a Adán y a Eva en el huerto del Edén. Él le habló a Noé y a Abraham, Isaac y Jacob. Él le habló a Moisés y a Isaías, Jeremías, Ezequiel y Daniel, y a todos los profetas. Él les habló a hombres y mujeres, a Débora y a Rut. En el Nuevo Testamento, Él le habló a María, Pedro, Pablo, Judas, Santiago y a Juan en la isla de Patmos. Desde ese entonces, a Dios no le ha dado laringitis. Él no ha decidido cambiar Su naturaleza y volverse mudo. Dios aún habla; y esto nos puede dar mayor confianza en la vida.

Un amigo me dijo que estaba buscando un nuevo empleo y que tenía tres opciones fuertes. Las tres se veían bien y él trataba tomar una decisión; así que me preguntó qué debería hacer. Hablamos por algún tiempo y me di cuenta de que él había hecho su parte al reunir datos y sopesar cuidadosamente la posición, localidad y salario de cada empleo. Aun así, estaba preocupado por los datos desconocidos. Quizá una de las empresas podría reubicarse en el futuro. Tal vez el supervisor de una de las posiciones podría resultar ser un tirano. O, posiblemente, una de las empresas estaba ocultando su realidad financiera y estaba a punto de la bancarrota.

Le dije: "Solo necesitas escuchar a Dios".

Esa es una de las grandes diferencias en la forma en que un cristiano toma una decisión y la manera en que un no creyente lo hace. Un cristiano puede escuchar la voz de Dios y discernir la voluntad de Él para su vida. Usted puede percibir la dirección en que Dios quiere que vaya. ¿No preferiría tomar una decisión sobre el futuro de su vida con la ayuda del conocimiento de Dios en lugar de solo su propio conocimiento? Necesitamos escuchar la voz de Dios en tantas áreas de nuestra vida: trabajos, familia, amistades, salud, áreas de servicio, futuro. La única manera en que podemos andar en lo seguro es escuchando a Dios. Está envuelto en nuestra identidad misma como creyentes.

Como pastor principal, yo definitivamente necesito escuchar a Dios. No hay manera en que pueda cumplir con la responsabilidad de liderar una iglesia a menos que Dios me esté guiando a mí. Mi intelecto no lo lograría. Mis estudios de seminario, tampoco. Mi talento o personalidad no bastaría. Y definitivamente, no soy bien parecido como para depender de eso. La única manera en que puedo liderar una iglesia es teniendo un caminar con Dios diario, personal, íntimo. Yo necesito escuchar a Dios y oír a Dios. Él guía. Yo le sigo.

Así que veamos a profundidad Juan 10, uno de los pasajes bíblicos fundamentales que describen este tipo de relación cercana con Dios. Juan 10 nos enfatiza esta verdad: Dios quiere que vivamos por escuchar Su voz.

SOMOS OVEJAS

Escuchar la voz de Dios es una cuestión de identidad. ¿Cuál es su esencia?

La respuesta es esta: usted es una oveja.

Necesitamos entender esta distinción importante desde el principio. Escuchar la voz de Dios no se trata de algo que hacemos. Más bien, escuchar la voz de Dios se trata de quienes somos. Escuchar la voz de Dios no es principalmente un comportamiento. Es un reflejo de nuestra identidad. Escuchamos a Dios por lo que somos y a quién le pertenecemos.

En Juan 10, Jesús explica esta idea a profundidad. Jesús se llama a Sí mismo el Buen Pastor, y muestra la diferencia de la obra que Él hace con la obra de Satanás, un ladrón y atracador. Satanás solo viene para robar, matar y destruir. Pero Jesús, el Buen Pastor, viene para que las personas tengan vida, y que la tengan en abundancia (versículos 8, 10–11).

Somos las ovejas del pasaje de Juan 10. ¿Qué tal eso como reflexión? La próxima vez que se encuentre con un amigo cristiano, salúdelo así: "Hola, soy una oveja; y ¿adivina qué?, tú también". Si lo mira como que está completamente loco, entonces añada: "creí que olía algo raro". La idea de ser ovejas es que nuestra identidad está cimentada en un modelo de relación pastor/oveja. Ser una oveja es para lo que el ser humano fue diseñado. Las ovejas, por su naturaleza misma, necesitan un guía. No es que escuchemos a Dios por algo que hagamos. Más bien, escuchamos a Dios porque fuimos diseñados para escuchar a Dios. Vea lo que dice en Juan 10:1-5:

> En verdad, en verdad os digo: el que no entra por la puerta en el redil de las ovejas, sino que sube por otra parte, ése es ladrón y salteador. Pero el que entra por la puerta, es el pastor de las ovejas. A éste le abre el portero, y las ovejas oyen su voz; llama a sus ovejas por nombre y las conduce afuera. Cuando saca todas las suyas, va delante de ellas, y las ovejas lo siguen porque conocen su voz. Pero a un desconocido no seguirán, sino que huirán de él, porque no conocen la voz de los extraños.

Observe la secuencia de los eventos en esta porción de la Escritura. Es como una pequeña película sucediendo frente a nosotros. En la primera escena, Jesús, el Pastor de las ovejas, entra al redil, pasando por la puerta. Él no se escabulle y salta la barda como lo haría un ladrón. Jesús, por medio de Su identidad como el Buen Pastor, es conocido y tiene acceso directo a la vida de Sus ovejas.

En la segunda escena, cuando Jesús entra al redil, Él les habla a las ovejas, y las ovejas escuchan Su voz. Él llama a Sus propias ovejas por nombre y las guía a la salida. Camina delante de ellas y ellas lo siguen. Las ovejas no seguirían a un extraño o a un ladrón porque no conocen la voz del extraño o del ladrón. Sin embargo, ellas siguen a Jesús. Ellas conocen Su voz.

Alguien podría preguntar: "¿Está seguro de que estas ovejas son una imagen de nosotros? Quizá Juan esté hablando de alguien más". Para responder esa pregunta, observe lo que dice Juan 10:16: "Tengo otras ovejas que no son de este redil; a ésas también me es necesario traerlas, y oirán mi voz, y serán un rebaño con un solo pastor". El contexto general en Juan 10 es que Jesús les habla a los judíos, les dice que Él es su Pastor. Él es su Mesías. Si usted no es judío, entonces la pregunta de si este pasaje se aplica a usted es legítima. Pero puede estar tranquilo porque sí aplica. En Juan 10:16, Jesús les dice a los judíos que Él también tiene otro rebaño: los gentiles. Eso es el resto de nosotros, el pueblo que no es judío. Estas ovejas, también, escuchan la voz de Jesús y tanto judíos como gentiles con el tiempo se reúnen en un solo rebaño. Esto es lo que Pablo describe en Gálatas 3:28, cuando dice: "Tengo otras ovejas que no son de este redil; a ésas también me es necesario traerlas, y oirán mi voz, y serán un rebaño con un solo pastor". Así que tenga esa enseñanza presente, y luego observe lo que dice Juan 10:27: "Mis ovejas oyen mi voz, y yo las conozco y me siguen".

Entonces, este único rebaño formado tanto por judíos como por gentiles, ¿qué es lo que hace? Escuchamos la voz de Jesús. Él nos conoce y nosotros lo seguimos. Nosotros, las ovejas, escuchamos la voz de Jesús y Jesús nos guía.

¿Hacia dónde nos guía Jesús? El Salmo 23 nos da una imagen hermosa. Jesús nos guía a verdes pastos, a áreas de provisión y descanso. Él nos guía con seguridad a través de los valles oscuros, llenos de problemas e incertidumbre. Él siempre va delante de nosotros con Su vara y su cayado de guía y consuelo. Él prepara un banquete abundante de provisión, aun en la presencia de nuestros enemigos, justo frente a la oposición misma. Y, finalmente, Jesús nos lleva al cielo, donde habitaremos en la casa del Señor eternamente. ¡Me encanta ese simbolismo!

Así que la enseñanza de Juan 10 es clara. ¿Quién es Jesús? Jesús es nuestro Buen Pastor. Y, ¿qué somos nosotros? Somos ovejas. Y, ¿cómo guía el Buen Pastor a Sus ovejas? Con Su voz. Así es como debemos vivir: escuchando la voz de Dios. Debemos depender de escuchar Su voz claramente y con regularidad.

Verdades fundamentales de escuchar la voz de Dios

Seamos sinceros. A veces las ovejas no escuchan al Buen Pastor. La Biblia muestra un ejemplo tras otro de gente que hace su propia voluntad. A veces la gente no escucha debido a una desobediencia voluntaria. Otras veces, la gente no escucha porque todavía no han aprendido a escuchar la voz de Dios. La buena noticia es que podemos aprender a andar en esta parte de nuestra identidad. Podemos aprender a escuchar la voz de Dios.

Veamos más de cerca esta parte de nuestra identidad y observemos cómo podemos cultivar la capacidad para escuchar la voz de Dios. Mi objetivo en este capítulo es asegurarme de que usted sepa que escuchar la voz de Dios es algo para lo que fue diseñado. Dios le ha dado la capacidad para comunicarse con Él espiritualmente. Él quiere hablarle.

Hay tres verdades que surgen de la gran enseñanza alrededor de Juan 10.

1. Nuestra capacidad para escuchar a Dios es innata.

Si algo es *innato*, es parte de nuestro instinto. Como creyentes, escuchar a Dios se da naturalmente en nosotros. Las ovejas nacen como ovejas. Ellas nacen con la capacidad innata para escuchar al pastor. Está entretejida en la secuencia misma de su ADN. Los leones no tienen esta capacidad. Los rinocerontes no tienen esta capacidad. Los abejorros no tienen esa capacidad. Pero las ovejas, sí. Es parte de su instinto. La Biblia nos llama ovejas; y el instinto de las ovejas es lo que nos pasa a nosotros: cuando nos convertimos en cristianos, nacemos con la capacidad para escuchar la voz de Dios.

Si alguna vez tenemos temor de que no vamos a escuchar la voz de Dios, debemos tener calma porque Dios sí nos hablará. En Juan 10, Él declara que Él mismo es el Buen Pastor y asegura que Sus ovejas escuchan Su voz. Cuando confiamos en Cristo para recibir salvación, nacimos de nuevo con oídos espirituales. Cuando volvimos a nacer (Juan 3:7), y cuando se nos dio vida juntamente con Cristo

(Efesios 2:4–6), recibimos esta capacidad. Es parte de nuestra nueva naturaleza, nuestro nuevo instinto: poder escuchar a Dios. Nos convertimos en ovejas espirituales, y las ovejas espirituales escuchan al Buen Pastor: Jesús. Esta es una verdad maravillosa. Quita la preocupación de la ecuación.

Debbie y yo hemos viajado a Israel varias veces, y hemos conversado con pastores israelíes nativos. Un pastor nos describió la manera en que varios rebaños se reúnen en un solo campo, y un rebaño se mezcla con otro porque el pasto es bueno en esa parte en particular. Los pastores podrían estar del otro lado del campo, conversando entre todos, hablando con otros pastores que han traído sus rebaños al mismo lugar ese día. Los pastores hablan, ríen, bromean, y luego, al final del día, se llega el momento de volver a casa. Entonces, uno de los pastores hace un sonido específico, corto, como *"ep"*, y empieza a caminar. Todas sus ovejas escuchan su voz, dejan al resto de las ovejas y siguen al pastor que conocen. El siguiente pastor hace un sonido diferente, corto, tal vez *ja*, y empieza a caminar. Todas las ovejas salen y lo siguen. Y así sucesivamente hasta que todas las ovejas siguen al pastor con el que se supone que deben estar.

Hay dos categorías en nuestra discusión: (1) ovejas literales y pastor literal, y (2) cristianos y Jesús. La gran diferencia entre estas dos categorías es que los animales no pueden comunicarle al pastor detalles íntimos de su vida; sin embargo, los cristianos, sí pueden comunicarle detalles íntimos de su vida a Dios. Piense en cuán fantástico es eso.

Los científicos están tratando de descubrir si los animales usan palabras reales y, definitivamente, los animales pueden comunicarse hasta cierto grado con otros animales y quizá hasta aprenden una o dos palabras de mandato. Pero escúcheme: usted no necesita un doctorado en zoología para saber que los animales no utilizan el lenguaje de la misma manera que nosotros. Si tiene un perro, pruebe este experimento en casa. Llame a su perro, acaríciele la cabeza y rásquele las orejas, adopte una voz amable, dulce, melosa, y diga: "Eres un tonto. Sí, eres tonto. Eres el perro más tonto que he conocido".

Lo único que su perro hará será mover la cola y sonreír como si le estuviera diciendo el mejor cumplido del mundo. Los animales no usan palabras; pero los humanos sí. Nacimos de nuevo con la capacidad para comunicarnos con Dios y escuchar pensamientos específicos de Él. Nacimos para hablar con Dios. Para escuchar Su voz. Para seguir Su liderazgo. Está entretejido en nuestro propio ADN como ovejas espirituales. Podemos escuchar la voz de Dios de manera innata.

2. Nuestra capacidad para escuchar a Dios no solamente es innata, también se aprende.

Surge la pregunta: Si nacemos con la capacidad innata para escuchar a Dios, entonces ¿por qué también necesitamos aprender esa capacidad? ¿Por qué es necesario que se nos enseñe cómo escuchar a Dios, si la capacidad para escuchar espiritualmente se nos da como don cuando recibimos salvación?

Es una buena pregunta. La tensión entre nuestra capacidad innata para escuchar a Dios y nuestra necesidad de aprender a escucharlo a Él es similar al equilibrio de dos verdades: que sabemos cómo orar y, aun así, necesitamos aprender a orar. En Lucas 11, los discípulos de Jesús habían estado siguiéndolo a todas partes. Lo habían visto orar a Dios, el Padre, en muchas ocasiones. Ellos, sin duda, oraban con Él en varias ocasiones. Aun así, le pidieron a Jesús que les enseñara a orar. Y Jesús les dio un modelo por el cual podían aprender, el que llamamos comúnmente El Padre nuestro.

El mismo patrón es para nosotros. Si somos cristianos recién convertidos, podemos orar con solo abrir nuestra boca y hablarle a Dios. (Y Dios nos escucha también. Primera Juan 5:14, dice: "Y esta es la confianza que tenemos delante de Él, que si pedimos cualquier cosa conforme a su voluntad, Él nos oye"). Aunque como creyentes podemos hacer oraciones instantáneas, también podemos aprender a orar mientras crecemos en nuestra fe. Aprendemos a orar al estudiar las oraciones de la Biblia, cuando cristianos devotos y más maduros nos enseñan a orar, y por la simple práctica en la comunicación y el desarrollo de nuestra relación con Dios. Oramos, y oramos, y oramos, y oramos. Y Él habla, y Él habla, y Él habla, y Él habla. Con el tiempo, aprendemos gradualmente los altibajos de la segunda parte de la oración: escuchar a Dios. Mientras maduramos, empezamos a aprender que la oración no se trata de darle a Dios una lista de cosas para que las haga. En vez de eso, Dios quiere tener una relación con nosotros. Esta relación es dinámica y personal. Dios tiene oídos para oír y también boca para hablar. Tenemos una capacidad innata para escucharlo, pero esta habilidad también se aprende.

O véalo de esta manera: los niños nacen con la capacidad para comunicarse. Aun así, ellos necesitan que se les enseñe a hablar y escuchar. Piense en todo lo que es necesario para aprender a hablar. Un bebé empieza aprendiendo palabras sencillas, individuales: *mamá, agua, mío*. Luego, necesita aprender a unir esas palabras y formar oraciones. Después, las oraciones y la comunicación se vuelven más complejas. Necesita aprender a usar la gramática de manera apropiada. Debe aprender que una palabra puede convertirse en una pregunta simple cuando cambia la inflexión de su voz (¿Quién? ¿Qué?). Aprende sobre sinónimos, antónimos y esos homónimos capciosos, palabras que se pronuncian y escriben igual pero que tienen significados diferentes (tales como: *banco* para sentarse y *banco*, entidad bancaria). Repito, el habla de un bebé surge porque es una capacidad innata de ser humano; sin embargo, también se aprende. Usted empieza en la vida con la habilidad para hablar y comprender el habla programado en sí mismo, aun así, además necesita aprender a hablar y escuchar.

Mike, un amigo mío, jugaba golf en el PGA Tour y fue jugador profesional durante dieciséis años. Ahora, él es parte del personal de nuestra iglesia; sin embargo, a veces, él y yo jugamos golf juntos. Un puntaje alrededor de los sesenta es fantástico en el golf, y aún ahora, él difícilmente llega a más de setenta. Yo bueno, digamos que cuando él y yo vamos a jugar golf, mi juego es mucho, mucho más largo. Puede ser frustrante para mí si comparo mi capacidad para jugar golf con la capacidad de él, pero necesito recordarme a mí mismo que él era profesional. Piense en todo el tiempo y la práctica que él invirtió en eso.

De manera similar, cuando estamos cerca de cristianos maduros que cuentan testimonios de sus años de andar con Dios cuando Él habló claramente y, a veces, milagrosamente, podemos desanimarnos. Sin embargo, Dios no nos llama a compararnos con otros creyentes. Piense en cuántas horas de oración, indudablemente, ellos han invertido. Piense en todos los años en que ellos han andado con el Señor. Quizá le lleven una diferencia de veinte o treinta años en lo espiritual. No se desanime. Dios lo llama a empezar justo donde está, hoy. Puede empezar a aprender a escuchar la voz de Dios. Y si alguna vez duda, entonces, regrese a Juan 10. Dios es el Buen Pastor. Nosotros Sus ovejas. Él habla. Nosotros escuchamos.

Los niños aprenden a hablar cada vez mejor conforme van creciendo. Como adultos, idealmente, incluso aprendemos a mantener nuestra boca cerrada, porque eso también puede ser una gran parte de la comunicación. Es decir, ¿ha notado que los niños simplemente dicen cualquier cosa que les viene a la mente? (Caramba, siempre te ves vieja, abuela. ¡Eres una anciana! ¿Cuántos años tienes?).

Este es mi punto. Todos podemos aprender la forma en que Dios se comunica con nosotros. Sin embargo, también necesitamos aprender a madurar en esta capacidad. Por ejemplo: podríamos decir cosas que provienen de nuestro trasfondo religioso y decimos que vienen de Dios, pero quizás Dios no dijo todas esas cosas en lo absoluto.

Un domingo, después de la iglesia, hace muchos años, estábamos en el lobby de un restaurante muy concurrido. Esperando a que nos llevaran a nuestra mesa y poder almorzar, y vi que había un niño pequeño paseándose por una máquina de cigarrillos. (Así es como sabe que esto sucedió hace mucho tiempo; el restaurante todavía tenía una máquina de cigarrillos en el lobby). Un hombre se acercó y compró un paquete de cigarrillos, y el niñito le gritó a su padre: "¡Oye, papá! Ese hombre acaba de comprar cigarrillos. Se va a ir al infierno".

Ahora bien, yo puedo decir con seguridad que fumar tal vez no sea lo mejor para una persona en cuanto a salud se refiere. Sin embargo, también puedo decirle, con seguridad, que en ninguna parte de la Biblia dice que, si usted compra cigarrillos, se va a ir al infierno. Mire, el niño decía cosas que venían de su trasfondo religioso, pero no era igual a que si las hubiera escuchado de Dios. Necesitamos madurar en nuestra capacidad de escuchar la voz de Dios. Pero, ¿cómo sucede eso?

CONVERTIRSE EN UNA OVEJA MADURA

Examinemos la idea anterior, la forma en que debemos madurar en nuestra capacidad para escuchar a Dios.

Dallas Willard (autor y profesor de filosofía en la Universidad del Sur de California, de 1964 al 2012) describe cómo una filosofía de escuchar a Dios es conocida como "un mensaje por minuto", y este método, aunque suena espiritual, típicamente es inmaduro. Es cuando la gente insiste en que escuchan a Dios hablarles mil veces al día.[1]

Ciertamente, es admirable "orar continuamente" como lo describe Pablo en 1 Tesalonicenses 5:17 (NVI). Sin embargo, cuando estoy cerca de personas que aseguran escuchar un mensaje de Dios por minuto, tengo mis dudas de que eso sea lo que en realidad sucede. Dicen cosas como: "Ya saben, Dios me acaba de decir que no le ponga sal a mi comida".

Y yo pienso: *Sí. Pero también pudiste haber leído la edición de Selecciones del mes pasado y descubierto eso.*

Otro problema que he visto con las personas del "mensaje por minuto" es que cometen errores. Ellas aseguran que Dios les habla momento a momento, en cada momento del día. Sin embargo, mi sospecha es que lo que en realidad sucede es que cuando cualquier pensamiento atraviesa su mente de manera precipitada, lo agarran y lo etiquetan falsamente como una palabra del Señor.

Este es un ejemplo de cómo podría exagerarse el asunto. Un hombre, con el ceño fruncido, se me acerca después de un servicio dominical y dice: "Pastor Robert, Dios acaba de decirme que se supone que usted use corbata cada vez que predica, y si no se pone una corbata, está en pecado. Y Dios me dijo que debajo de su saco, se espera que se ponga solamente camisas blancas, no de color. Y, además, Dios me dijo que la congregación de esta iglesia debe dejar de cantar cantos de adoración en nuestros servicios. En vez de eso, de ahora en adelante, Dios quiere que nos dividamos en dos grupos y cantemos antifonalmente. Y, ah sí, Dios también quiere que yo predique aquí en Gateway, en lugar de usted, durante los próximos cinco domingos, porque me dijo que tengo el don de enseñanza".

Ahora, su mensaje para mí es un problema porque 2 Corintios 13:1 dice: "Por el testimonio de dos o tres testigos se juzgarán todos los asuntos". Como pastor principal, estoy bajo la autoridad de un grupo de ancianos devotos, y todos buscamos al Señor con regularidad y leemos las Escrituras y buscamos Su rostro y Su voz y Su presencia, y Dios no nos dijo nada de esas cosas. Entonces, me la voy a jugar esta vez y diré que este hombre no escuchó verdaderamente a Dios. Lo que él pensó escuchar de Dios acerca de esos temas en realidad es un error.

Pregúntese esto: ¿Realmente quiere que Dios le hable mil veces al día sobre cada pequeña decisión que toma y cada acción minúscula que hace? Ahora bien, realmente creo en estar en comunión constante con Dios, y creo en la siguiente instrucción de 1 Tesalonicenses 5:17 "orad sin cesar", y creo en vivir nuestra vida y tomar decisiones basándonos en la Palabra de Dios. Sin embargo, quizá la pregunta esté mejor formulada de esta forma: ¿Cree usted que Dios quiere tener una relación estilo bebé con usted? ¿Hay algún padre que quiera tener ese tipo de relación con sus hijos, particularmente cuando ya son adultos?

Por supuesto que no. Un padre quiere que sus hijos crezcan y maduren. Parte de la madurez significa tomar decisiones de manera independiente. Eso no quiere decir que ignoremos a Dios o que tomemos grandes decisiones separados de Él. Pero sí significa que no necesitamos preguntarle a Dios acerca del color de camisa para usar cada día. Definitivamente, Dios habla. Pero nosotros también necesitamos madurar. Hebreos 5:13–14 dice: "Porque todo el que toma sólo leche, no está acostumbrado a la palabra de justicia, porque es niño. Pero el alimento sólido es para los adultos, los cuales por la práctica tienen los sentidos ejercitados para discernir el bien y el mal".

Otra cosa de la que tenemos que cuidarnos es de cualquier método o fórmula infalible para escuchar la voz de Dios. Si alguien insiste en que ha encontrado una fórmula por medio de la cual siempre puede escuchar a Dios, tenga cuidado. Escuchar a Dios se trata de tener una relación verdadera con Él. A veces, la gente abre su Biblia al azar, señala un versículo y asegura que viene directamente del Señor para su situación. Y, sí, algunas veces Dios podría hablar de esa forma (hablaremos de esto en el siguiente capítulo). Sin embargo, muchas veces ese es un método que debe tomarse con reserva.

He escuchado a personas insistir en que cada creyente puede recibir su versículo de vida utilizando "el método de nacimiento". Eso es cuando uno toma los números del año, mes y día en que nació, y los aplica directamente a la Biblia como capítulo, libro y versículo. La gente tiene teorías diferentes en cuanto a qué número de su fecha de nacimiento —mes, día, año— debería corresponder a qué parte de la Biblia —capítulo, libro o versículo— porque si usted nació después de 1950, entonces es muy difícil encontrar un capítulo que tenga más de cincuenta versículos. Entonces, ese es otro problema con el método. Mi amigo probó este método solo para ver lo que pasaría. Él nació en enero, el primer mes del año, en 1935, lo que parecía muy fácil. De manera que buscó en la Biblia en el primer libro, Génesis, el capítulo 19, versículo 35. En esencia dice: "Así que lo emborracharon y durmieron con él".

Bien, mi punto es simple: usted no necesita ser místico para obtener una palabra de Dios. Sin embargo, ¿sabe lo que todos esos métodos absurdos nos muestran?, y eso sí me encanta. Estos métodos absurdos nos muestran que la gente está genuinamente deseosa de escuchar a Dios. Y por eso estoy escribiendo este capítulo. La promesa se muestra claramente cuando volvemos a Juan 10. Dios es el Buen Pastor. Y Sus ovejas escuchan Su voz.

Una metodología más para escuchar a Dios merece ser evaluada: *"Whatever will be, will be"*, expresión en inglés que significa *Lo que será, será*. Es una metodología que se ha extendido y la gente que la sostiene varía desde cristianos casuales hasta algunos profesores de seminario. Básicamente es que usted elige cualquier dirección en la que quiere ir, y todo funcionará al final. Dios nos da completa libertad para tomar decisiones, y así nos faculta con sabiduría y discernimiento y nos suelta.

Ciertamente, la Biblia deja en claro que hay una voluntad no específica de Dios. La llamamos la voluntad general de Dios, y Jesús la enseña en lugares como Juan 14:21: "El que tiene mis mandamientos y los guarda, ése es el que me ama; y el que me ama será amado por mi Padre; y yo lo amaré y me manifestaré a él". Este pasaje no contiene directrices específicas excepto amar a Dios. Es un mandamiento general, no un plan detallado, y hay mucho espacio en el plan para que nosotros actuemos según nuestro discernimiento.

La voluntad general de Dios es para todos. Un mandamiento general similar se da en Mateo 28:19–20, a veces se le llama la *Gran Comisión*, donde Jesús les dice a Sus discípulos, nos incluye, que debemos "id, pues, y haced discípulos de todas las naciones, bautizándolos en el nombre del Padre y del Hijo y del Espíritu Santo, enseñándoles a guardar todo lo que os he mandado". En otra parta de la Escritura, Dios nos dice que seamos llenos con el Espíritu Santo (Efesios 5:17–18), que estemos agradecidos por todo (5:19–20), que nos apartemos del pecado y seamos santificados (1 Tesalonicenses 4:3–7), y que nos conformemos a la imagen del Hijo de Dios (Romanos 8:28–29). Todas estas instrucciones caben en la categoría de la voluntad general de Dios para nuestra vida.

Sin refutar completamente a aquellos que creen que la voluntad general es todo lo que Dios nos dará, permítame solamente señalar que la Biblia también detalla muchas ocasiones de llamados específicos sobre la vida de las personas. Por ejemplo, en Génesis 12, Dios le dice a Abram que deje todo lo conocido y que vaya a una nueva tierra. Ese fue un llamado específico de Dios en la vida de Abram.

En Hechos 9, Saulo recibe un llamado específico mientras iba por el camino a Damasco, inicialmente, todo lo que implicaba era ir a la casa de un hombre llamado Ananías. Si Dios guió a Sus siervos de maneras específicas en tiempos pasados, entonces, ¿por qué Dios no guiaría a Sus siervos de manera específica en tiempos presentes, particularmente según Juan 10? He visto que esto es real en mi propia vida, y sé que la de muchos otros cristianos también lo es.

Cada uno de nosotros tiene decisiones mayores que tomar donde necesitamos escuchar a Dios. Él nos da Su consejo general y, además, Él amablemente nos da consejo específico. Todo vuelve a la verdad fundamental descrita en Juan 10. Somos ovejas. Jesús es el Buen Pastor. Estamos diseñados para escuchar la voz de Dios.

LA VOZ DE DIOS EN UNA CAMINATA

Un amigo mío, recién egresado del seminario, recibió una oferta para trabajar como pastor de jóvenes. Al principio, mi amigo no quería aceptar el empleo, y parte de la razón era que la iglesia era pequeña y estaba en el área rural. Él se imaginaba a sí mismo ministrando en una iglesia genial, de una gran ciudad; el trabajo que había imaginado lo llevaría a lugares más grandes y mayores en beneficio del reino de Dios.

Antes de que mi amigo respondiera con un "no", él tuvo el buen juicio de apartar una semana, orar por la decisión y escuchar la voz de Dios. Él llamó a su padre por teléfono, un pastor, y su padre lo guió a la misma porción de la Escritura que hemos discutido a lo largo de este capítulo, Juan 10. Su padre le afirmó que Dios es, indudablemente, el Buen Pastor y que podemos tener confianza en que, cuando le prestamos atención, podemos escuchar Su voz.

Mi amigo salió a dar una caminata por el desierto, y empezó a hablar con Dios en oración pidiéndole al Señor que le mostrara si debía aceptar el empleo. Él le confesó al Señor sus reservas acerca del tamaño y la ubicación de la iglesia. Las ambiciones de mi amigo eran nobles y bien intencionadas. Él leía biografías de misioneros que mostraban cómo, en décadas pasadas, grandes hombres de Dios hicieron grandes cosas en beneficio del reino de Dios, y mi amigo quería hacer cosas similares en su vida.

Mientras caminaba y oraba, este versículo le vino a la mente: "Humillaos, pues, bajo la poderosa mano de Dios, para que Él os exalte a su debido tiempo" (2 Pedro 5:6).

Este versículo se situó en la mente de mi amigo y se quedó allí, y él meditó en la verdad de Dios dejando que las palabras de la Escritura se aplicaran a su situación. Junto con ese versículo, mi amigo sintió una paz de Dios nueva y profunda. En apariencia, el empleo no parecía ser el trabajo de sus sueños, pero ahora tenía una nueva perspectiva al respecto, y tenía la fuerte sensación de que Dios lo quería allí. Él pensaba que el versículo era la respuesta a sus oraciones, la voz de Dios para la situación. Parte del llamado específico de mi amigo era humillarse a sí mismo; y Dios lo levantaría a su debido tiempo.

Mi amigo trabajó en esa iglesia durante seis años e hizo un buen trabajo, y luego el Señor lo llevó a otras cosas. Han pasado más de veinte años desde entonces, y ahora mi amigo ministra junto con algunos de los pastores más influyentes en los Estados Unidos.

Esa no sería la historia de todo el mundo, ni todo el mundo querría eso. El punto es que Dios guía. Sus ovejas escuchan Su voz. Y Él llama a Sus propias ovejas por nombre y las guía hacia adelante.

Eso es lo que Dios le promete a usted.

CAPÍTULO DOS

¿POR QUÉ ESCUCHAR A DIOS?

Os he llamado amigos, porque os he dado a
conocer todo lo que he oído de mi Padre.
—Juan 15:15

Digamos que tengo un amigo en el hospital y ha estado allí por tres días. Él me llama y deja un mensaje: "Hola, Robert, estoy solo y aburrido, y me siento muy desanimado. ¿Podrías venir a visitarme? ¿Y, quizá, me traes unos libros, también, por favor?".

Así que recibo su mensaje y junto unos libros para llevarlos al hospital. Pero en vez de visitarlo directamente en su habitación, dejo los libros en la recepción con una nota con su nombre. Luego me voy. He cumplido con lo que él me pidió. Pero si eso es todo lo que hice, ¿qué clase de amigo diría que soy para él?

Esta es otra situación. El mismo escenario, misma petición. Pero esta vez, recibo su mensaje y voy al hospital con una bolsa de libros y luego me dirijo a la habitación de mi amigo. También le llevo algunos para que los escuche y algún tipo de comida que sé que le encanta, quizá una hamburguesa con queso y papas fritas si está lo suficientemente sano para comer eso. O quizá sea una ensalada de espinaca con pollo a la plancha, si está interesado en la salud de su corazón. Paso tiempo con él, tanto como su estado lo permita. Hablamos y compartimos lo que hay en nuestro corazón. A veces, nos quedamos juntos en silencio, como solo lo pueden hacer los buenos amigos. Nos sentimos cómodos y confiados en la presencia mutua. Todo el tiempo que él pasa en el hospital, voy y dedico tiempo con él de esta forma, dos veces al día. Voy en la mañana, antes de ir a trabajar, y voy en la noche, después del trabajo. Estamos juntos, hablamos y pasamos tiempo así. Repito, he cumplido con lo que me pidió. ¿Cuál de los dos escenarios diría usted que representa un nivel más profundo de amistad?

Obviamente, el segundo. En el primer escenario, no es que yo necesariamente sea un mal amigo. Simplemente es que nuestra amistad es limitada. Quizá no conozco muy bien a esta persona. O quizá sí la conozco bien, pero nuestra amistad es superficial, tensa o distante. Sin embargo, con el segundo escenario, nuestra amistad es fuerte y profunda. Nos preocupamos el uno por el otro. Tenemos muchas cosas de que hablar. Dialogamos y, claramente, disfrutamos la presencia del otro.

Esto es lo impactante: ¿Adivine cuál tipo de amistad es la que Dios desea tener con nosotros? Él nos ofrece una relación fuerte y profunda, como la que se presenta en el segundo escenario. Él nos ofrece una amistad conversacional, en la que nos hablamos el uno al otro. Él no solo quiere llevarnos algo para leer e irse. Él no quiere que nos dirijamos a Él de manera poco entusiasta, con nuestro pensamiento en otra parte, porque así, definitivamente, no es la manera en la que Él se dirige a nosotros. Él no quiere que nos acerquemos a Él solo cuando estamos necesitados, solo cuando le llevamos una lista de peticiones. Él quiere una amistad donde seamos cercanos a Él y Él sea cercano a nosotros, una amistad que significa que estamos cómodos en la presencia del otro y nuestra comunicación crece alrededor de una relación verdadera.

Este es mi punto: muchísimas veces nos dirigimos a Dios como si Él fuera algún tipo de Santa Claus cósmico. Somos distantes y apartados, y nuestra única motivación es obtener algo de Él. Lo único que queremos con Dios es recibir bendición o dirección o instrucción de él. Sin embargo, Dios quiere algo mucho más grande que eso. Él quiere tener la oportunidad de conocernos y desea que nosotros lo conozcamos a Él.

Parte de la gran pregunta que estoy planteando en este libro es: "¿Cómo podemos escuchar a Dios?". Sin embargo, hay otra pregunta que va junto con esta, una pregunta que descubre nuestro corazón ante el Señor. Es una pregunta de motivos, una pregunta que profundiza en la posibilidad de una relación verdadera. Es esta: ¿Para qué escuchar a Dios?

¿Cuáles son nuestros motivos para querer escuchar la voz de Dios? ¿Por qué debe importarnos siquiera?

LA RESPUESTA ES AMISTAD

Alguien podría argumentar que la ilustración de la visita al hospital se desmorona porque Dios no es igual a nosotros, y esta crítica es válida. No hay manera de que un simple mortal pueda identificarse con el Dios ilimitado del universo. La amistad a la que Dios nos llama nunca es una amistad donde seamos compadres en una manera casual o irreverente. Dios siempre es Dios, y nosotros siempre somos humanos. Y Dios siempre debe ser visto como el Gran Rey en nuestra mente y corazón.

A este concepto de la nobleza de Dios lo llamamos la doctrina de la trascendencia, y es una doctrina maravillosa. Significa que Dios está en alto, más alto que bueno, que cualquier cosa en la que podamos pensar. Significa que Dios es superior, inmenso y sinigual, y nosotros siempre debemos tener esta doctrina presente cuando nos dirigimos a Él. El Salmo 97:9 dice: "Porque tú eres el Señor, el Altísimo sobre toda la tierra, muy excelso sobre todos los dioses".

Sin embargo, de la mano con la doctrina de la trascendencia está la doctrina de la inmanencia. Esta significa que Dios está cerca de nosotros. Él está próximo. Es relacional. Está involucrado activamente en la creación. Mateo 1:23 dice: "He aquí, la virgen concebirá y dará a luz un hijo, y le pondrán por nombre Emmanuel, que traducido significa: Dios con nosotros".

A primera vista, esas dos doctrinas suenan opuestas, pero en realidad no lo son. Dios es trascendental e inmanente al mismo tiempo. Él es el Gran Rey y "Dios con nosotros". Nunca debemos olvidar Su grandeza; sin embargo, también es cierto que nunca debemos guardar nuestra distancia de Dios debido a la sangre de Jesucristo.

¿Alguna vez vio esa fotografía antigua, clásica, de John Kennedy Jr. en la Casa Blanca cuando era niño? Tenía tres o cuatro años y su padre, el presidente de los Estados Unidos, está ocupado en la Oficina Oval. Sin embargo, JFK Jr. está jugando felizmente como solo un niño pequeño puede hacerlo, y está debajo del escritorio del presidente. Esa es una imagen de trascendencia e inmanencia.

Por un lado, tiene al presidente de los Estados Unidos, podríamos decir que es la persona más poderosa del mundo, trabajando. Los dignatarios hacen fila para reunirse con él, y si usted está en la presencia del presidente, entonces nunca puede olvidar que él es el presidente. Sin embargo, el presidente es tan cercano a su hijo, que su hijo puede dirigirse a él cuando quiera. El hijo se deleita en la presencia del padre, y el padre se deleita en la presencia del hijo. Hay poder en la posición y el carácter del padre. Sin embargo, también hay cercanía con sus hijos.

Desde estas dos características fundamentales de trascendencia e inmanencia es que Dios nos invita a tener una amistad verdadera con Él. Necesitamos tener siempre presente la grandeza de la Persona con quien estamos hablando y relacionándonos. Aunque nunca debemos pensar que Dios simplemente nos pasa a dejar una bolsa de libros (aun los sesenta y seis libros de la Biblia inspirados y maravillosos) a la recepción del hospital y luego se retira. Dios no tiene esa clase de amistad con nosotros.

En Juan 15:15, Jesús nos lo explica de esta forma: "Ya no os llamo siervos, porque el siervo no sabe lo que hace su señor; pero os he llamado amigos, porque os he dado a conocer todo lo que he oído de mi Padre".

Es una verdad maravillosa para nosotros. Dios, el gran Dios del universo, nos llama amigos. Este es el mismo versículo en la versión Nueva Traducción Viviente que es una traducción, pensamiento por pensamiento del lenguaje original: "Ya no los llamo esclavos, porque el amo no confía sus asuntos a los esclavos. Ustedes ahora son mis amigos, porque les he contado todo lo que el Padre me dijo".

Jesús está diciendo que un amo no les confía sus asuntos a los esclavos; sin embargo, un amigo le cuenta a otro amigo lo que sucede. Este es el tipo de relación que Jesús ha puesto a nuestra disposición. (Por cierto, esto no significa que Jesús nos cuenta todo de inmediato. Más adelante, Él dice que hay otras cosas que quiere decirnos, pero que no va a hacerlo. El Espíritu Santo nos las va a decir. Pero me estoy adelantando aquí).

Entonces, en este pasaje, Jesús abre la puerta para establecer un nivel más profundo de amistad con nosotros. Él ha venido para que podamos tener una relación con el Padre, y parte de esa relación incluye comunicación. Él nos ha dicho a nosotros lo que el Padre le dijo a Él.

Examinemos la verdad escritural a la luz de la pregunta que planteé al inicio del capítulo, ¿por qué escuchar a Dios? Lo que sigue, son tres verdades que responden esta pregunta de motivación y muestran cómo es esta amistad.

1. Dios no habla con robots

Dios no habla con robots. Lo que quiero decir es: Dios no nos creó para obedecer Sus mandamientos sin pensar. Él nos creó como personas. Nosotros tenemos alma, mente, voluntad, emociones y corazón. Dios quiere comunicarse con nosotros personalmente porque Él nos dio personalidad, y Él mismo tiene personalidad. Solo una conexión personal lo logrará.

¿Alguna vez ha pensado acerca de cómo nos comunicamos con las máquinas y cómo las máquinas se comunican con nosotros? Un carro es una máquina. Si queremos comunicarnos con un carro, le damos una orden. Si queremos ir más rápido, presionamos el pedal del acelerador. Si queremos ir más despacio, presionamos los frenos. Si queremos ir a la derecha para salir de la calle principal y dirigirnos hacia la panadería (es decir, o a un lugar de ensaladas saludables), giramos el timón a la derecha. Es una comunicación mecánica. Nosotros le damos una orden a la máquina y esta obedece.

Hoy día, algunos de nosotros hasta tenemos carros que nos responden con una voz. Pero este no es un diálogo verdadero. Me refiero a la voz del sistema de navegación. Yo tengo uno de esos en mi carro y puedo decirle que la voz de la mujer que habla en mi sistema de navegación es fría. De hecho, ella siempre suena como si está cansada de mí, diciéndome constantemente que estoy haciendo algo mal. Estoy casi seguro de que la semana pasada la escuché suspirar con disgusto y decirme: "¡Recalculando...bobito!".

Para aclarar, la voz de mi sistema de navegación no me está hablando a mí directamente. Alguien programó la computadora del sistema para decir esas palabras. Y, en realidad, la voz no es capaz de tener emociones, ni siquiera de fastidio. Cuando nos comunicamos con una computadora, oprimimos teclas y los botones del ratón, y luego esta hace lo que le hemos indicado. Dios no nos creó para que Su relación con nosotros fuera como nuestras relaciones con las máquinas. Dios no nos creó como robots. Al contrario, Él nos creó como hijos suyos. Y Dios se comunica de manera personal con los hijos que Él creó. No existen líneas de comunicación o laberintos que tengamos que navegar para poder hablar con nuestro Padre. Hasta podemos jugar, si fuera el caso, en Su oficina, debajo de Su escritorio.

Una de las mayores formas en que el ser humano se ve teniendo una amistad con Dios se muestra en el ejemplo de Abraham. Santiago 2:23 dice: "y se cumplió la Escritura que dice: 'Y Abraham creyó a Dios y le fue contado por justicia', y *fue llamado amigo de Dios*".

En Génesis 18, Abraham tuvo un dialogo verdadero con Dios. Abraham habló inicialmente con tres visitantes (uno es el ángel del Señor) acerca del hijo que Dios le había prometido a Abraham en su vejez. Los tres visitantes y Abraham disfrutaron una comida juntos; fue un intercambio tranquilo, pacífico y hospitalario. Luego, la conversación cambió. Un gran clamor se había suscitado contra Sodoma y Gomorra, dos ciudades antiguas conocidas por su perversidad y rebelión, y el Señor había decidido que iba a destruirlas debido a la maldad de sus ciudadanos. Luego, los dos hombres se fueron, "mientras Abraham estaba todavía de pie delante del Señor. Y Abraham se acercó" (Génesis 18:22–23).

En este corto versículo, vemos un patrón establecido para la buena comunicación. Abraham dejó lo que estaba haciendo y se acercó a Dios. Este patrón funciona para nosotros también. Si queremos escuchar al Señor, entonces, también debemos dejar lo que estamos haciendo y acercarnos a Dios.

Una vez Abraham se acercó, vemos el desarrollo de una de las conversaciones más sorprendentes mientras Abraham negociaba con Dios. Primero, Abraham le hizo una pregunta a Dios:

> "¿En verdad destruirás al justo junto con el impío? Tal vez haya cincuenta justos dentro de la ciudad; ¿en verdad la destruirás y no perdonarás el lugar por amor a los cincuenta justos que hay en ella? Lejos de ti hacer tal cosa: matar al justo con el impío, de modo que el justo y el impío sean tratados de la misma manera. ¡Lejos de ti! El Juez de toda la tierra, ¿no hará justicia?" (vers. 23–25).

Es una conversación extraña porque Abraham sabía que Dios nunca haría algo malo. Y, por supuesto, Dios, por la naturaleza de Su carácter santo y justo, indudablemente, nunca haría algo malo. Sin embargo, Abraham sintió que debía recordarle esto a Dios. Abraham conocía a Dios lo suficientemente bien como para saber que las acciones injustas no eran parte del carácter de Dios. Por supuesto, Dios no había olvidado esto. Más bien, es como si Abraham necesitara recordarse a sí mismo esta verdad mientras estaba en la presencia de Dios.

El Señor dijo: "Si hallo en Sodoma cincuenta justos dentro de la ciudad, perdonaré a todo el lugar por consideración a ellos" (v. 26).

Las negociaciones continuaron. Abraham respondió: "He aquí, ahora me he atrevido a hablar al Señor, yo que soy polvo y ceniza. Tal vez falten cinco para los cincuenta justos, ¿destruirás por los cinco a toda la ciudad?" (vers. 27–28). Vea cómo la trascendencia y la inmanencia entran en juego en este ejemplo. Abraham admitió la osadía pura de lo que estaba haciendo: un simple hombre como él, que nos es más que polvo y ceniza, se había tomado la libertad de hablar con Dios. Dios altísimo y poderoso. Sin embargo, Dios está también cerca y próximo. Abraham fue reverente en la forma en que se comunicó con Dios. Sin embargo, Abraham estaba familiarizado con Dios.

Y Dios redujo los requerimientos a cuarenta y cinco.

Luego, Abraham preguntó por cuarenta.

Y Dios dijo, está bien, cuarenta.

Luego, Abraham preguntó por treinta.

Y Dios dijo, está bien, treinta.

Luego, Abraham preguntó por veinte.

Y Dios dijo, está bien, veinte.

Entonces, cuando llegamos al versículo 32, Abraham preguntó por diez.

Y Dios dijo que estaba bien que por consideración a diez justos en Sodoma Él no destruiría la ciudad.

Lo que creo que sucedió en ese intercambio es: Abraham había rescatado previamente al pueblo de Sodoma en batalla (Génesis 14:16) porque esa era la ciudad donde su sobrino, Lot, vivía. Como hombre sabio y compasivo, a Abraham le preocupaba esa gente. Él esperaba lo mejor para ellos. Entonces, oraba por ellos, intercediendo a su favor, aunque él sabía que la ciudad estaba perdida y que Lot debería vivir en otro lugar. Abraham no trataba de cambiar el parecer de Dios tanto como trataba de entender la justicia del plan de Dios.

¿De verdad, Señor, eso es realmente lo que quieres hacer? ¿Así es tu justicia? Permíteme comprender eso.

Ese es el tipo de conversación que el Señor nos invita a tener con Él. Dios no destruye las ciudades malas hoy día como lo hizo con Sodoma y Gomorra en aquel entonces, pero la justicia de Dios todavía existe.

Señor, ¿de verdad hay un lugar llamado infierno? ¿Y la gente que se ha apartado de ti realmente pasará la eternidad en el infierno, lejos de Tu presencia? En serio, Señor, ¿así es tu justicia? Dios, si es así, entonces oro desesperadamente por mis amigos y los miembros de mi familia que no son salvos. Por favor, Señor, permite que escuchen el evangelio.

Déjalos que le abran su corazón a Jesús. Gracias por que Tú siempre eres justo y misericordioso. Amén.

Esa clase de oración no es la oración de un robot. Nosotros no estamos simplemente recibiendo órdenes de Dios; estamos dialogando acerca de Sus acciones y carácter, procurando comprenderlo y buscando interceder a favor de los demás. Dios no está cambiando Su manera de pensar debido a nuestras oraciones, Él nos invita a ser parte del proceso con Él. Sencillamente, Dios no mete información en nuestra vida para obtener los resultados que Él quiere. Estamos invitados a orar como un diálogo con Dios, uno donde escuchamos Su voz y donde Dios da entendimiento a nuestro corazón y nuestra mente. Esto es cuando tenemos una amistad verdadera con Dios.

2. Dios le habla a las personas

La segunda verdad que muestra cómo es una amistad con Dios es la verdad directa que Dios le dice a la gente. Sé que esto parece elemental, pero merece un análisis más cercano.

Dios les habla a las personas. Solo dele un poco de vueltas en su mente a esa verdad. Comprenda la sorprendente maravilla de ese hecho.

Dios...

Les habla...

...¡A las personas! Él les habló a las personas en la Biblia. Y Él todavía le habla a la gente hoy día. Creo que Él hasta usa casi el mismo método, del cual hablaré más adelante.

Cuando vemos las Escrituras, es fácil ver que Dios les habló a las personas a lo largo de la Biblia. Dios les habló a Adán y a Eva, al fresco del día en el huerto del Edén. Dios le habló a Noé, Moisés, Abraham, Isaac, Jacob, Débora, Ruth y otros más. En el Nuevo Testamento, Dios le habló a Pedro, Pablo, Santiago, Juan, Lucas, Judas, y hasta a Cornelio, el centurión romano. ¿Alguna vez ha pensado en eso? Inicialmente, Cornelio ni siquiera era seguidor de Cristo, aun así, él escuchó la voz de Dios (Hechos 10). Eso muestra cuánto le importa la gente a Dios. Él está hablándole constantemente a la gente, siempre invitándolos a dar el paso para acercarse más a Él. Dios nos habla hoy día debido a que el Espíritu Santo habita en nosotros. En Juan 16:12–13, Jesús les está hablando a Sus discípulos y dice: "Aún tengo muchas cosas que deciros, pero ahora no las podéis soportar. Pero cuando Él, el Espíritu de verdad, venga, os guiará a toda la verdad, porque no hablará por su propia cuenta, sino que hablará todo lo que oiga, y os hará saber lo que habrá de venir". ¿Quién le va a hablar? El Espíritu Santo. ¿Quién le va a decir lo que habrá de venir? El Espíritu Santo.

Aunque Dios terminó Su revelación formal cuando nos dio la Biblia hace dos mil años, Dios no dejó de hablar hace dos mil años. Él dijo:

> *Les digo que ustedes son mis amigos. ¿Saben qué razón principal es la que les indica que son mis amigos? ¡Yo les cuento todo! Un amo no les cuenta cosas a sus esclavos. Un ingeniero no les cuenta cosas a sus máquinas. Sin embargo, ustedes son mis amigos y yo les digo todo. No los dejaré como huérfanos. Voy a enviarles a alguien, al Espíritu Santo, y Él les va a contar esas cosas.*

¿Cómo habla Dios? A veces, tenemos la idea en nuestra mente de que la manera en que Dios le habló a la gente en la Biblia fue con una voz fuerte y retumbante; no había forma de que ellos pudieran pasarla por alto. Sería imposible no saber que la voz era de Dios. No podían confundirla. Y si Dios tan solo nos hablara con esa misma voz fuerte, retumbante, al estilo Charlton Heston, entonces todo estaría bien. ¿Cierto?

No estoy seguro si fue así en tiempos de la Biblia. Ciertamente, la voz de Dios era clara cuando inspiró a los hombres para que escribieran la Biblia. "Ninguna profecía de la Escritura es asunto de interpretación personal, pues ninguna profecía fue dada jamás por un acto de voluntad humana, sino que hombres inspirados por el Espíritu Santo hablaron de parte de Dios" (2 Pedro 1:20–21).

Sin embargo, ¿cómo les hablaba Dios a las personas en la Biblia cuando Él quería simplemente tener un diálogo con ellos? La historia de Elías en el desierto muestra que, a veces, Dios elije hablar con el susurro de una brisa apacible (1 Reyes 19). Luego de escapar de las garras de la malvada reina Jezabel, Elías huyó al desierto para proteger su vida y se tendió bajo un árbol de enebro. Elías estaba exhausto y desanimado, y pidió morir. Sin embargo, un ángel le dijo que se levantara, tomara un poco de agua y comiera la torta cocida sobre piedras calientes para que se refrescara, y luego, viajó por cuarenta días hacia Horeb, el monte de Dios. Allí, Elías entró en una cueva donde el Señor empezó a dialogar con él, así como cuando uno habla con un amigo.

Él [Dios] le dijo: "¿Qué haces aquí, Elías?". Y él [Elías] respondió [desde dentro de la cueva]: "He tenido mucho celo por el Señor, Dios de los ejércitos; porque los hijos de Israel han abandonado tu pacto, han derribado tus altares y han matado a espada a tus profetas. He quedado yo solo y buscan mi vida para quitármela".

Entonces Él [Dios] dijo: "Sal y ponte en el monte delante del Señor". Y he aquí que el Señor pasaba. Y un grande y poderoso viento destrozaba los montes y quebraba las peñas delante del Señor; pero el Señor no estaba en el viento. Después del viento, un terremoto; pero el Señor no estaba en el terremoto. Después del terremoto, un fuego; pero el Señor no estaba en el fuego. Y después del fuego, el susurro de una brisa apacible.

Y sucedió que cuando Elías lo oyó, se cubrió el rostro con su manto, y salió y se puso a la entrada de la cueva (1 Reyes 19:9–13).

¿Cómo le habló Dios a este hombre, Elías? No fue con una voz fuerte y retumbante. No fue con un viento fuerte o con un terremoto o con fuego. Sino que fue con el susurro de una brisa apacible: "un suave murmullo" (versículo 12, NVI).

Me pregunto si fue lo mismo que nosotros, hoy día, llamaríamos una impresión en nuestro corazón. Dios grabó lo que Él quería decir en el corazón de Elías. No sabemos con seguridad qué método decidió Dios usar. Sin embargo, quizá el susurro de una brisa apacible es equivalente a la forma en que el Espíritu Santo se dirige a nosotros.

Piense en el ejemplo de la Escritura donde Dios le habla a otro hombre, Gedeón (Jueces 6). Dios llegó y le habló a Gedeón, pero Gedeón no estaba seguro del mensaje, era tanta su inseguridad que probó a Dios dos veces cuando puso un vellón afuera. ¿Sabe por qué Gedeón quería hacer eso? Su inseguridad es muy clara. En Jueces 6:17, Gedeón le dijo a Dios: "dame una señal de que en realidad eres tú quien habla conmigo".

¿Por qué dudaba Gedeón que era la voz de Dios? Si Dios le había hablado con una voz fuerte, retumbante, entonces ¿por qué estaba Gedeón tan inseguro de la voz?

Voy a sugerir que quizá Dios no le habló a Gedeón con una voz fuerte y retumbante como generalmente lo imaginamos. Creo que Dios le habló a Gedeón con el susurro de una brisa apacible, el mismo tipo de voz que usó para hablarle a Elías en la cueva de Horeb. Yo creo que Dios pudo incluso haber grabado el mensaje en el corazón de Gedeón, así como lo hace con nosotros hoy día.

¿Por qué habría yo de sugerir una cosa así? Por Hebreos 11, el capítulo del gran "corredor de la fe" en la Biblia; en Hebreos 11, se menciona a una persona tras otra, todos amigos de Dios: Enoc, Noé, Abraham, Sara, Isaac, Jacob, Moisés, Rahab, Gedeón, Barac, Sansón, Jefté, David, Samuel, y la lista continúa.

Todas estas personas escucharon a Dios. Y todas ellas vivieron por fe.

Cada persona que ha escuchado alguna vez la voz de Dios, indudablemente tiene que actuar en fe. Y algunas de esas personas hasta tenían la Escritura, también. Moisés tenía las palabras registradas de Dios a su disposición. Los creyentes del Nuevo Testamento tenían la ley, los Salmos y los escritos de los profetas. Citaban constantemente la Escritura, diciendo: "Escrito está, escrito está, escrito está". Dios les había hablado adicionalmente a la Escritura que ya tenían. Y, aun así, ellos necesitaron vivir por fe.

Cuando Dios le habla a usted hoy, lo más seguro es que Él no le hablará con una voz fuerte y retumbante. En vez de eso, Dios le hablará a través del mover del Espíritu Santo en su vida (Juan 16:12–13). Él le hablará con Su susurro de brisa apacible. Y lo que usted haga después de que Él le habla, requerirá fe.

3. Dios les habla a los amigos

La tercera verdad que muestra cómo es una amistad con Dios, es el análisis bíblico de la verdad misma de que Dios, indudablemente, les habla a los amigos. Dios no les habla a los robots. Él habla con personas. Y Él habla con las personas como alguien habla con un amigo. ¿Cómo lo sabemos?

Vea estos dos versículos fundamentales:

> Y acostumbraba hablar el Señor con Moisés cara a cara, como habla un hombre con su amigo.
> —Éxodo 33:11

> Y se cumplió la Escritura que dice: "Y Abraham creyó a Dios y le fue contado por justicia, y fue llamado amigo de Dios".
> —Santiago 2:23

Tenemos que empezar a captar esta verdad maravillosa que Dios desea ser nuestro amigo, así como Dios era amigo de Moisés. Si no lo entendemos, entonces podremos comunicarnos con Dios solamente cuando tengamos problemas, o tengamos que tomar una decisión importante, o cuando queramos algo de Él. Dios quiere ser amigo nuestro. Él quiere hablar con nosotros a diario.

La amistad con Dios es un privilegio impresionante. También es una responsabilidad impresionante, una que no debemos tomar a la ligera. ¿Recuerda quién más era amigo de Dios? Judas.

El que lo estaba traicionando les había dado esta contraseña: "Al que yo le dé un beso, ése es; arréstenlo." Enseguida se acercó a Jesús, y le dijo: "¡Hola, Maestro!" Y le dio un beso. *Jesús le dijo: "Amigo, ¿a qué vienes?"* Entonces aquellos hombres se acercaron, le echaron mano y lo arrestaron (Mateo 26:48–50, RVC).

¿Puede percibir la gravedad de la pregunta que Jesús le hizo a Judas? Justo frente a Jesús está el hombre que lo traiciona, aun así, Jesús todavía lo llama "amigo". La pregunta de Jesús hace eco a la conversación que sostuvo con Sus discípulos momentos antes:

> "Nadie tiene un amor mayor que éste: que uno dé su vida por sus amigos. Vosotros sois mis amigos si hacéis lo que yo os mando. Ya no os llamo siervos, porque el siervo no sabe lo que hace su señor; pero os he llamado amigos, porque os he dado a conocer todo lo que he oído de mi Padre" (Juan 15:13–15).

Si somos discípulos de Jesús, entonces somos amigos de Dios. Jesús da Su vida por Sus amigos. Él entrega Su vida por nosotros; aun cuando lo traicionemos, aun cuando pequemos.

La amistad con Dios es el núcleo del mensaje del evangelio. Me encanta la redacción de la versión Nueva Traducción Viviente en Romanos 5:10: "Pues, como nuestra amistad con Dios quedó restablecida por la muerte de su Hijo cuando todavía éramos sus enemigos, con toda seguridad seremos salvos por la vida de su Hijo".

Piense en su mejor amigo en la tierra. Con este amigo no hay formalidades, no le tiene temor a esta persona y no hay rituales que llevar a cabo ni que usar un lenguaje especial. La relación que ustedes tienen, el uno con el otro, es profunda y cercana. Debido a la obra que Jesús hizo por nosotros en la cruz, Jesús restauró nuestra amistad con Dios. "Y todo esto viene de Dios. Antes éramos sus enemigos, pero ahora, por medio de Cristo, hemos llegado a ser sus amigos" (2 Corintios 5:18, TLA).

Un antiguo himno se titula: "Oh qué amigo nos es Cristo". Técnicamente, somos amigos de los tres miembros de la Trinidad: Padre, Hijo y Espíritu Santo; aun así, el espíritu de ese himno todavía tiene sentido. En cuanto a Dios, podemos acudir a Él con todos nuestros pecados y lamentos, y Él los llevará. Dios nos ofrece paz, no temor. Él nos invita a acudir a Él en medio de nuestras pruebas y tentaciones. Cuando somos débiles y estamos muy cargados, Él dice: *Oye, soy tu Amigo. Yo te ayudaré y te protegeré. Confía en Mí.* El restaura nuestra amistad con Él aun en medio de nuestro pecado.

MEJOR QUE LOS REGALOS

A mi hijo, James, siempre le ha encantado pescar. Una vez, cuando James tenía unos nueve años, como familia planeamos tomarnos un tiempo libre y viajar para visitar a los padres de Debbie. Ellos vivían a unas tres horas de distancia, en otra parte de Texas, y tenían una laguna en su terreno. James estaba a la expectativa de pescar algunas percas americanas en dicha laguna.

Debbie y los niños partieron el viernes por la tarde para llegar allá, pero yo me quedé para los servicios del sábado y domingo, planeando reunirme con mi familia el domingo por la tarde.

El sábado en la noche llamé por teléfono a Debbie, ella me indicó que debía hablar con James y preguntarle cómo había estado su día. Así lo hice. James había tenido el mejor día de pesca de todos. Estaba muy emocionado. Había atrapado peces todo el día, uno tras otro; y le prometí que, al día siguiente, cuando yo llegara, íbamos a ir a pescar juntos.

El domingo después de la iglesia, pasé a la tienda de carnadas, le compré a James una carnada que yo sabía que él quería, y luego seguí mi camino hacia la casa de mis suegros. Le di a James su regalo y él dijo gracias. Luego, él y yo pescamos por el resto de ese día.

Bueno, usted sabe lo que pasa con la pesca. Pescamos y pescamos y pescamos, pero esas percas habían dejado de picar porque James y yo no atrapamos nada.

Al final del día, le dije: "James, lamento que hoy no haya sido un día tan bueno como ayer lo fue para ti".

Él me vio algo extrañado, luego sonrió con sinceridad y dijo: "Papá, hoy fue mucho mejor que ayer".

"¿Cómo así?", le pregunté.

"Porque hoy tú estabas aquí, conmigo".

Esa es una imagen de Dios y nosotros. Dallas Willard habla acerca de la forma en que Dios nos extiende la invitación a atesorar su presencia más que Sus regalos.[1] Eso me gusta mucho. Mi hijo, James, posiblemente estaba agradecido por el regalo que le di de la carnada para pescar, pero él estaba más contento de pasar tiempo conmigo, de disfrutar estando en mi presencia. Después de más de treinta y cinco años de andar con el Señor, Dios me ha bendecido en más formas de las que jamás pueda mencionar. Entiendo cómo Él ha bendecido a mi familia tan grandemente, y estoy agradecido por eso. Sin embargo, aún más que las bendiciones y los regalos de Dios, he aprendido a atesorar Su presencia. Esta es una verdad fundamental en realidad que tiene enormes implicaciones prácticas.

Una mañana estaba orando, y me di cuenta que me estaba dirigiendo a Dios con mi lista de cosas por hacer. ¿Alguna vez ha hecho lo mismo? Le estaba dando a Dios la lista de cosas que Él tenía que hacer mientras yo hacía mi parte para ese día.

Y de repente, Dios interrumpió mi oración y habló a mi corazón:

Oye, Robert, ¿podemos estar sencillamente en la presencia el uno del otro por un rato? ¿Podemos solo estar juntos? Sé que estás preocupado por todas estas cosas en tu lista. Pero todo va a estar bien. Permíteme recordarte un par de escrituras para poner tu corazón en calma. "Antes de que ellos clamen, Yo responderé". Y "mi Dios proveerá a todas vuestras necesidades, conforme a sus riquezas en gloria en Cristo Jesús". Yo voy a hacerme cargo de tu lista. No te preocupes. Pero, hoy, solo hablemos (Isaías 65:24; Filipenses 4:19).

Y así lo hicimos.

En Juan 15:15, Jesús dice que Él nos llama amigos porque nos comunica lo que el Padre le ha dicho a Él. El motivo principal de Dios para hablarnos no es darnos información o indicaciones a seguir. Él nos habla porque quiere que seamos Sus amigos. Dios nos diseñó para comunicarnos con Él a nivel personal y de manera personal. Desde el principio del tiempo, Él ha estado hablando personal y específicamente con las personas, y Él nunca ha cambiado. Somos invitados a aferrarnos a esa verdad gloriosa que Dios quiere ser nuestro amigo. De otra manera, solamente querríamos escucharlo por motivos egoístas. Cuando busquemos a Dios porque queremos conocerlo, en vez de solo obtener algo de Él, también llegaremos a entender lo que Él quiere que hagamos. Él quiere que atesoremos Su presencia más que Sus regalos.

Imagínese sentado con Dios, tomando un café y conversando acerca de la vida, como lo haría con un amigo. ¿De qué clase de cosas le hablaría que, en este momento, no son temas que esté tocando con Él?

Esta es mi invitación para usted hoy. Agradézcale a Dios por Su deseo de tener una amistad con usted. Agradézcale por estar disponible para ser su amigo. Pídale que le muestre los pasos a tomar para que pues puede abrirle su corazón de esta manera. Ore para que cualquier obstáculo que pueda estar impidiendo su amistad con Dios sea removido.

¿Por qué escuchar la voz de Dios? ¡Dios quiere ser su amigo!

¡Cuán formidable es ese pensamiento!

CAPÍTULO TRES

ACUDA A LA BIBLIA

Lámpara es a mis pies tu palabra,
y luz para mi camino.
—Salmo 119:105

Me sentí como un niño.

Es cierto, así fue. Cuando tenía treinta años, era pastor asociado en una iglesia en crecimiento. Me había vuelto cristiano a los diecinueve, y en los once años posteriores a eso, había crecido mucho espiritualmente, pero yo todavía me sentía joven en mi fe, en muchas maneras. No me sentía como un adulto. Sin embargo, me estaban dando nuevas y mayores responsabilidades y yo no sabía qué hacer. La nueva responsabilidad que me estaban dando era una oferta de trabajo. Teníamos múltiples congregaciones, pero esos eran días antes de la transmisión simultánea, y teníamos un pastor predicador en cada campus. Cuando crecimos a cinco templos, el pastor principal decidió poner a un pastor diferente en la iglesia matriz y él se nombró a sí mismo el pastor principal sobre todos los templos. Era una buena idea, y de esa manera él iba a poder pastorear mejor a todos los templos. Así que oró al respecto y me pidió que me volviera el pastor de la iglesia matriz.

Gulp.

Yo no estaba preparado para hacerme cargo de una posición tan pesada, al menos yo no creía estarlo. Fue un giro de eventos; algo gracioso para mí porque cinco años antes, cuando apenas tenía veinticinco años, estaba firmemente convencido que estaba listo para esa responsabilidad. Sin embargo, maduré un poco con el tiempo y, mientras me volvía más adulto, más sabía sobre lo que se necesitaba para ser pastor de un templo. A la edad de treinta no me podía imaginar a mí mismo con toda esa responsabilidad sobre mis hombros.

El reloj seguía corriendo. Necesitaba darle una respuesta a mi pastor. Si dependiera solo de mí, yo le habría dicho "no" de inmediato a la solicitud de mi pastor. Pero en el espíritu de Proverbios 3:5–6, yo no quería apoyarme en mi propio entendimiento. Quería escuchar lo que Dios pensaba del asunto. Yo necesitaba escuchar la voz de Dios. Al fin y al cabo, yo quería amar, servir y obedecer a Dios y aunque me temblaban las rodillas por la nueva vacante laboral, si Jesús quería que yo tomara el nuevo trabajo, como Su seguidor lo haría.

Así que me fui aparte, solo, durante un tiempo para dedicarme a buscar el rostro de Dios y escuchar Su voz. Adoré, oré, escribí mis oraciones y entré en la presencia del Señor con más entusiasmo. Le pedí al Señor que me guiara usando la Biblia, y sentí claramente al Espíritu Santo poner en mi corazón leer Lucas 3. Ese pasaje volvía continuamente a mi mente, Lucas 3, Lucas 3, Lucas 3.

Lo busqué, empecé a leer, y llegué al versículo 23: "Y cuando comenzó su ministerio, Jesús mismo tenía unos treinta años".

Me quedé frío. Leí el versículo de nuevo.

Treinta.

Jesús me estaría guiando a lo largo de este sendero. Después de todo, liderar el campus de la iglesia no era mi responsabilidad. Era de Él. Mi responsabilidad era estar cerca de Él, continuar sumergiéndome en Su Palabra y en oración, y dedicarme a servirlo a Él. Él guiaría. Él protegería. Esta era la confirmación que buscaba. Una paz que sobrepasa el entendimiento vino sobre mí. La confirmación se sintió en lo profundo de mi corazón.

Me pregunto qué necesita usted hoy.

¿Necesita escuchar la voz de Dios?

Quizá necesite guía, renovación, convicción, sabiduría o confirmación; o para una visión fresca del camino por delante o una reafirmación fuerte del amor de Dios. Todas estas y más se encuentran en una persona. Y para conocer a esta persona, el lugar para empezar es leyendo el libro que Él escribió: la Biblia.

Vivimos en un mundo de tinieblas, y tropezaremos direccionalmente a menos que encendamos con regularidad la luz de la Palabra de Dios. La Palabra de Dios funciona como una lámpara y alumbra el camino por el que debemos ir. Nos muestra cómo debemos andar. Nos muestra en qué dirección voltear para evitar obstáculos.

Provee un mapa de ruta de sabiduría, un manantial de esperanza y una fuente de afirmación de Su amor ilimitada. El Espíritu Santo usa las palabras de la Escritura para grabar gentilmente en nosotros las verdades que necesitamos aprender y acatar. Por último, la Palabra de Dios nos muestra que Él es una persona. En la Biblia, Dios revela su identidad, Su amor por nosotros, Su gracia y misericordia hacia nosotros y Su propósito y plan general para nuestra vida y nuestro futuro. La Biblia nos habla del carácter, las intenciones y las acciones de Dios. Nos dice cómo Dios camina, habla y respira. Cómo se acuesta y cómo se levanta. Cómo actúa cuando Se mueve sobre algo. Si queremos conocer a Dios, entonces necesitamos meternos en Su Palabra. La Palabra de Dios ilumina nuestro camino.

¿Necesita escuchar la voz de Dios?

Empiece por leer su Biblia.

UNA LÁMPARA Y UNA LUZ

Tal vez usted se ha despertado a media noche para ir al baño o a la cocina, y mientras camina hacia allá, cruza por una habitación oscura se tropieza y se golpea su dedo grande. A mí me ha pasado, ¡y duele! Apuesto que a usted también. ¿Qué sería útil en una situación como esa?

La respuesta es simple. Encienda una lámpara. Cuando encendemos la luz, no hay polémica entre la luz y la oscuridad. Cuando la luz está encendida, la oscuridad se va. No hay lucha. No hay riña.

De manera similar, si nos sentimos confundidos acerca de la dirección en la que debemos ir, entonces lo primero que deberíamos hacer es acudir a Dios y leer la Biblia. Acuda a Dios a través de las páginas de Su Palabra. El rey David, en el Salmo 119:105, lo dice claramente: "Lámpara es a mis pies tu palabra, y luz para mi camino". La luz desvanece la oscuridad. Primera Juan 1:5 declara esta verdad: "Dios es luz, y en Él no hay tiniebla alguna".

Un hombre se me acercó a pedir consejo hace algún tiempo. Él necesitaba ayuda en el área de pureza sexual y, con el ceño fruncido, dijo: "Usted no entiende, pastor, cuántas cosas horribles he visto.

Las revistas. Las películas. Videos en internet y fotos. He visto tanta tiniebla que no sé qué hacer".

Yo dije: "Bien, escúcheme, amigo. Innegablemente, usted ha visto cosas con sus ojos que no debería haber visto. Pero, ¿entiende que, si permite que la luz de Dios brille, entonces esa luz desaparecerá la oscuridad?; cuando la oscuridad tiene capas profundas en su vida, quizá no suceda de una sola vez; pero le digo que, si usted toma la Biblia y lee la Palabra de Dios, estudia la Palabra de Dios, medita en la Palabra de Dios, memoriza la Palabra de Dios, entonces la luz vencerá a las tinieblas. La Biblia es la lámpara que echa fuera la oscuridad".

La voz de Dios nos salva y nos limpia de pecado, y Su voz guía nuestros caminos también en otras áreas. En Lucas 15:8, Jesús cuenta la historia de una mujer que tenía diez monedas de plata. Ella pierde una, y se desanima por su pérdida. Pero enciende una lámpara, barre su casa, y busca cuidadosamente en cada rincón y en cada rendija hasta que encuentra la moneda. El resplandor de la lámpara lleva a redescubrir el valor. Nada importante se pierde para siempre con la luz de la lámpara como nuestra guía.

¿Alguna vez ha perdido algo valioso para usted, una amistad, una relación, un matrimonio, una inversión, su salud? Quizá perdió su dirección y necesita reenfocar sus prioridades. Quizá uno de sus hijos o nietos pierde su camino espiritualmente y se siente como si estuviera perdido. Quizá usted está atravesando una época de duda o depresión o luto, y la relación cercana con Dios que una vez sintió, ya no se siente intacta. Siente que su fe está perdida.

Esto es lo que Jesús dice: cuando pierde algo valioso para usted, encienda la lámpara. Acuda al resplandor de la Escritura. Lea la Palabra de Dios. Pregúntese a sí mismo: "¿Qué dice la Biblia acerca de esto?". En tiempos de pérdida, usted definitivamente se sentirá desanimado o de luto. Podría estar confundido acerca de cómo avanzar o qué le toca hacer. La respuesta es: acuda a la Palabra de Dios. Él le dará consuelo y restauración, guía y esperanza. La luz de Dios iluminará nuestro camino.

Muchas veces en la vida he necesitado sabiduría, y me he preguntado a dónde ir o qué hacer. El simbolismo de resplandor y guía se encuentra en Daniel 12:3: "Los sabios resplandecerán con el brillo de la bóveda celeste; los que instruyen a las multitudes en el camino de la justicia brillarán como las estrellas por toda la eternidad" (NVI). Ese versículo, junto con Santiago 1:5 son dos de mis versículos favoritos: "Si a alguno de ustedes le falta sabiduría, pídasela a Dios, y él se la dará, pues Dios da a todos generosamente sin menospreciar a nadie" (NVI). La respuesta es tan directa: pida a Dios, y la sabiduría le será dada.

La invitación para usted es leer la Palabra de Dios de manera consistente, diligente, en oración y con fervor. Lea la Biblia con su corazón bien abierto en oración y comunión con Dios. Lea y ore al mismo tiempo:

> Señor Jesús, ¿Qué vas a decir en Tu Palabra acerca de ti? ¿En qué manera me enseña este pasaje a amar más a ti y a los demás? ¿Cómo se aplica este pasaje a mí?

Me encantan las palabras que Dios le dio a Josué:

> Solo te pido que tengas mucho valor y firmeza para obedecer toda la ley que mi siervo Moisés te mandó. No te apartes de ella para nada; solo así tendrás éxito dondequiera que vayas. Recita siempre el libro de la ley y medita en él de día y de noche; cumple con cuidado todo lo que en él está escrito. Así prosperarás y tendrás éxito (Josué 1:7–8, NVI).

La frase "medita en él de día y de noche" es clave. Cuando estamos buscando la voz de Dios, debemos repasar escrituras en nuestra mente y corazón constantemente. Por eso me encanta memorizar escrituras. Sí, memorizar requiere diligencia, pero es una diligencia muy dulce. La Palabra de Dios limpia nuestro corazón y mente. La Palabra de Dios ilumina cualquier esquina oscura o caminos turbios. La Palabra de Dios es la lámpara que da brillo e ilumina nuestros caminos.

UNA PALABRA PERSONAL QUE VIENE DE LA PALABRA DE DIOS

"Claro que podemos leer nuestra Biblia", dice la gente. "Pero ¿cómo sabemos que Dios nos habla acerca de nuestra situación en particular, desde las páginas de la Escritura? ¿Deberíamos simplemente abrir la Biblia al azar, señalar con el dedo en alguna parte de la página y creer que esa es la voz de Dios?".

Conozco personas que usan ese método y, aunque nunca quiero limitar a Dios en cuanto a lo que Él puede hacer, permítame solo decir que este método tiene sus riesgos. Hay una broma antigua que describe a un hombre que buscaba la guía de Dios usando el método de poner el dedo en una página al azar. Él cerró sus ojos, dejó que la Biblia se abriera, y leyó: "Judas fue y se colgó". El hombre se estremeció, pasó algunas páginas y leyó: "Ve tú y haz lo mismo". Él estaba ahora sudando de verdad, pero pensó que le daría otra oportunidad, así que dejó caer su dedo al azar una vez más y leyó: "¡Lo que vas a hacer, hazlo rápido!".

Con toda seriedad, la confusión que proviene del uso de este método ocurre en la vida de los creyentes con más frecuencia de lo que pensamos. Una historia verdadera: Un amigo mío, un hombre de negocios, tenía un negocio que estaba padeciendo, así que él fue a un seminario con un colega. El hombre de negocios era creyente, y le contó a su colega por que estaba pasando. "Hace varios años, abrí mi Biblia y señalé con mi dedo, y el texto decía 'ganado'. Entonces, entré al negocio del ganado. Luego, unos años después, señalé con el dedo nuevamente y vi 'petróleo'. Así que entré al negocio del petróleo". Ahora que su negocio estaba teniendo problemas, mi amigo había cerrado sus ojos, abierto su Biblia y apuntado con su dedo. Cuando abrió sus ojos, vio que su dedo señalaba a "Capítulo 11".*

---

* En los Estados Unidos, el "Capítulo 11" se usa para declararse en bancarrota. *NdelT*.

No son palabras muy alentadoras para alguien cuyo negocio está en problemas.

No estoy recomendando ese método, particularmente como una práctica estándar. En vez de eso, esto es lo que recomiendo. El Salmo 119:89 (NVI) dice que la Palabra de Dios es "eterna". Y el Salmo 90:2 nos dice que Dios trasciende al tiempo, "desde la eternidad hasta la eternidad". Eso significa que si Dios dijo algo hace tres mil años, todavía es verdad hoy día. Podemos leer un versículo en la Biblia que fue escrito miles de años atrás, y aún sigue siendo la Palabra de Dios hoy día; es Dios hablándole a la humanidad. Y el Espíritu Santo puede tomar un pasaje antiguo y usarlo para hablarnos hoy acerca de un tema personal en particular. Como creyentes, podemos tener la confianza que Dios trasciende al tiempo, Su Palabra es eterna y Él aún puede hablarnos acerca de nuestra situación.

Definitivamente, se necesitan principios sensatos para interpretar y aplicar la Escritura correctamente, y no debemos socavar nunca esos principios en nuestra búsqueda de escuchar la voz de Dios. Por ejemplo, un israelita tenía la obligación de casarse con la viuda de su hermano y criar hijos con ella (Deuteronomio 25:5). Esa es la ley civil de Dios, y una ley como esa ayudó a formar y guiar la cultura israelita en aquel entonces; pero Dios no nos manda a observar esa misma ley civil hoy día. Así que necesitamos considerar tanto el contexto histórico y cultural de un pasaje específico de la Escritura, como también darnos cuenta que el Espíritu Santo nos dará una palabra de Su Palabra viva y activa según Él lo decida. Y necesitamos hacer ambas cosas al mismo tiempo. Es como decir: "Sí, este es el contexto del pasaje y, sí, así es como creo que el Señor me habló desde este pasaje", todo al mismo tiempo.

¿Por qué? La Biblia puede ser tanto literal como metafórica al mismo tiempo. En Juan 2:1–11, por ejemplo, cuando Jesús convirtió el agua en vino, ese acontecimiento sucedió literalmente. En el pueblo de Caná, en la región de Galilea, en una boda real de dos personas verdaderas, Jesús les dijo a los sirvientes que llenaran con agua seis tinajas de piedra, del tipo que los judíos usaban para el lavado ceremonial, y Jesús convirtió milagrosamente esa agua en el vino más robusto y refrescante que nadie había probado jamás.

Dos mil años después, nosotros no asistiríamos específicamente a la misma ceremonia a la que Jesús fue en Caná, y la enseñanza no es que Jesús convertirá literalmente el agua en vino en nuestras bodas hoy día. Sin embargo, ese pasaje de la Escritura aún se aplica a nosotros, no literalmente, sino metafóricamente. Nos da una imagen de cómo Jesús elige obrar algunas veces. El principio de que Jesús todavía hace milagros en un principio que se aplica a nosotros hoy día. Y el principio de que Jesús puede usar vasijas de piedra fría que una vez sirvieron para ceremonias religiosas apagadas, sin vida, y llenarlas con Su vino de vida nuevo, fresco y vibrante es algo que todos necesitamos escuchar.

Entonces, ¿cómo oímos la voz de Dios a través de las páginas de la Escritura, tomando en consideración tanto los contextos culturales e históricos como la realidad del Espíritu Santo moviéndose en nuestra vida?

Entre a la presencia de Dios

Lo primero que necesitamos hacer es entrar en la presencia de Dios. Ahora bien, yo estoy consciente de que Dios es omnipresente, así que Él está siempre presente en todas partes, pero estoy usando el concepto de *presencia* en el mismo sentido en que el Salmo 100:4 nos anima: "Entrad por sus puertas con acción de gracias, y a sus atrios con alabanza. Dadle gracias, bendecid su nombre". En este sentido, la acción de entrar a la presencia de Dios significa cultivar una conciencia deliberada de la realidad y la cercanía de Dios.

Yo lo hago en lo personal. Me encanta estar afuera, cerca de un lago; muchísimas veces voy a un lago donde pueda estar a solas con el Señor. Me siento cerca de la orilla y pongo un poco de música de adoración y la escucho. Empiezo a adorar al Señor y entro en Su presencia en el sentido de implementar mi capacidad para percibirlo a Él. Entramos en Su presencia cantando y a Sus atrios con alabanza.

Cuando percibo la cercanía de Dios, me gusta recordarme a mí mismo la tremenda verdad de Filipenses 4:6 "Por nada estéis afanosos; antes bien, en todo, mediante oración y súplica con acción de gracias, sean dadas a conocer vuestras peticiones delante de Dios". Le recomiendo que memorice este versículo. Despliega una secuencia que no se puede ignorar. Primero, ore y alabe y adore. Segundo, pida. Es como si Dios estuviera diciendo en este pasaje: "Oye, si hay algo en tu corazón, cuéntamelo". Primero, reconoce que soy Dios. Luego, si estás preocupado por algo, dímelo. Si tienes algo que pedir, pídelo. Adelante, dime cuál es tu petición. Si quieres hablar de tus hijos, entonces, habla. De tu matrimonio, entonces, habla. De tu trabajo, entonces, habla. De cuál trabajo aceptar, con quién casarte, a qué escuela enviar a tus hijos —lo que haya en tu mente— entonces habla". Es absolutamente maravilloso que la Biblia nos invite a hacer esto.

Una de las mejores acciones que tomo en este proceso de relación es escribir mis oraciones. Me ayuda a mantener mi mente enfocada y, además, me proporciona un registro para referencia futura de lo que le he pedido al Señor. Solo inténtelo. Usted podría no ser el mejor escritor del mundo, y eso está bien. El Señor no califica la calidad gramatical o la caligrafía. Mañana en la mañana, levántese, ponga alguna música de adoración, y escriba sus oraciones. Nos ayuda entregarle nuestros pensamientos y preocupaciones al Señor cuando podemos sacarlas de nuestra mente, corazón y alma y pasarlas al papel.

En alguna parte de este proceso de alabar al Señor, orar a Dios y proclamar Su bondad, usted empezará a percibir al Espíritu Santo. Es una experiencia subjetiva; pero, aun así, es real. Esto requiere sensibilidad y cuidado. Tal vez usted esté escribiendo una oración, pidiéndole a Dios que traiga buenos amigos a la vida de su hijo. O quizá está profundamente preocupado por un amigo que recibió un diagnóstico de cáncer. En alguna parte del proceso empezará a sentir que el Señor está escuchando sus oraciones. Se acordará de la verdad en Filipenses 4:7, que al dar a conocer sus peticiones delante de Dios, "la paz de Dios, que sobrepasa todo entendimiento, guardará vuestros corazones y vuestras mentes en Cristo Jesús". El Espíritu Santo traerá palabras a su mente que coinciden con la Escritura, tales como Dios "te ha amado con amor eterno" (Jeremías 31:3), o "No temas, porque yo estoy contigo" (Isaías 41:10). Es como si Dios le estuviera diciendo: *Yo me haré cargo de esto. Tengo a tu hijo en Mis manos. Tengo a tu amigo que está dominado por el cáncer en Mis manos. Si hay algo que te molesta, debes saber que Yo estoy a cargo. Oye, está bien. Yo tengo el control.* También le animo a escribir esas impresiones. Escriba los pensamientos que se alinean con la Palabra de Dios que le están animando.

A este punto de estar en la presencia de Dios, yo, por lo general, abro mi Biblia y empiezo a leer en serio. Es después de haber alabado a Dios y orado y pasado tiempo acercándome a Él en adoración y oración. Es después de que empiezo a percibir Su presencia y después de que pensamientos sensatos de la Escritura atraviesan mi mente. No paso por alto el contexto de un pasaje. Tomo el contexto en consideración mientras invito a Dios a hablarme desde Su Palabra. Es cuando quiero ver lo que Dios me dirá.

Lea en un lugar lógico

La pregunta sale a relucir inevitablemente, "¿Dónde debo leer?". Y yo pienso que está bien tener un plan de lectura diario y continuar ese día leyendo sencillamente en donde el plan le indique. Si quiere hacer eso, está bien. Sin embargo, muchas veces, cuando necesito una palabra de Dios, yo oro y le pregunto específicamente qué quiere que lea. Lo incluyo a Él en la conversación. En ese momento, ya sea un pasaje de la Escritura o un libro de la Biblia en particular, vendrá a mi mente y lo busco.

Digamos que estoy orando acerca del matrimonio. Entonces, deliberadamente leo sobre algunos matrimonios en la Biblia; quizá acerca de Abraham y Sara, o Isaac y Rebeca, o Jacob y Raquel, o Booz y Rut. Si tuviera dudas sobre las finanzas, entonces leería algunos versículos sobre finanzas o mayordomía. Si estoy preocupado acerca de un problema de salud, ya sea por mí o por alguien más, leo algunos versículos sobre salud y sanidad en la Biblia. Repito, el pasaje específico que lea, algunas veces se aplica literal y directamente a mí y otras no. Pero si no es una aplicación literal para mí, entonces Dios me dará principios de los pasajes que aún puedo aplicar a mi vida.

Le animo a probar esto. Quizá usted sea una mujer y su matrimonio está en problemas. No sabe qué hacer al respecto, así que busca una palabra del Señor. Primero, pase un tiempo alabando a Dios y entrando en Su presencia, y luego pregúntele a Dios dónde debe leer y, tal vez, la historia de Abraham y Sara venga a su mente. Cuando lea de Génesis 12 al 20, verá a Abraham como un hombre piadoso, pero que aún comete muchos errores en su matrimonio. Abraham mintió dos veces acerca de Sara y tenía tanto miedo de los gobernadores cercanos que él iba a permitir que otro hombre durmiera con ella para salvar su propio pellejo. Así que, en oración, usted le pregunta al Señor:

Dios, ¿qué es lo que Tú quieres que vea en este pasaje?

¿Cuál es Tu palabra para mí aquí, Señor?

La aplicación no es literal. Usted no está casada con Abraham, y no vive en el desierto cananeo. Está casada con Luis y vive en los suburbios de Peronia. Pero el Señor le trae a la mente 2 Pedro 3:6, que habla de que Sara respetaba a Abraham de todas maneras. El Espíritu Santo le da un empujoncito en esta área, y usted se da cuenta que ningún hombre es perfecto, ni Abraham ni su esposo. Con este conocimiento y el poder y la presencia del Espíritu Santo viviendo en usted, usted puede respetar a su esposo, con todas sus imperfecciones.

O quizá usted es un hombre y también está atravesando problemas matrimoniales. Su esposa parece estar molestándolo siempre y su queja constante le está afectando, así que busca una palabra del Señor. Primero, pasa tiempo alabando a Dios y entrando en Su presencia, y luego, le pregunta a Dios dónde debe leer, y la historia de

María y Marta viene a su mente. No es una historia de matrimonio, pero mientras lee el relato en Lucas 10:38–42, usted nota, primero, que la amiga de Jesús, conocida como Marta tiene una personalidad muy fuerte e intensa, similar a la de su esposa. En el pasaje, Marta está molesta con su hermana que es más tranquila, María, al punto de quejarse de ella con Jesús. El Espíritu Santo empieza a darle un empujoncito, y usted se da cuenta que, aunque su esposa es piadosa y ama a Jesús, a veces una mujer piadosa puede ser tan intensa que se pierde de la actividad más importante que es sentarse a los pies de Jesús, tal como lo indica el pasaje.

Cuando el Señor trae a la mente Efesios 5:25, donde los hombres deben amar a sus esposas, "así como Cristo amó a la iglesia y se dio a sí mismo por ella", usted se da cuenta que su deber es amar a su esposa, aun cuando ella lo agobie. Quizá haya una razón para su incomodidad. Tal vez usted deja sus calcetines en alguna parte de la casa. Podría ser solamente su personalidad hermosa e intensa en acción. O tal vez sea ambas cosas.

Si continúa leyendo en oración, y el Señor lo lleva a Juan 11, donde Lázaro muere. Él era el hermano de María y de Marta y, en ese relato, vemos a Marta como una mujer con profundo dolor y preocupación. Ella es también una mujer tremendamente profunda y de sabiduría espiritual en sus conversaciones con Jesús. Usted se impresiona con ella, muy similar a la manera en que está profundamente impresionado con su esposa. Se da cuenta que, a pesar del agobio de su esposa, ella también tiene muchas cualidades grandiosas, y no puede pasarlas por alto.

Sigue leyendo y, un poco después, en Juan 12, ve a Jesús de nuevo en la casa de María y Marta. Ahora, ellos celebran la resurrección de Lázaro, y Marta está sirviendo otra vez, y María está otra vez sentada a los pies de Jesús. Sin embargo, esta vez no se menciona nada de quejas de Marta. Su personalidad ha madurado. Hay gozo y armonía en la casa. Y el Espíritu Santo le dice: *Oye, en lo que se refiere a tu esposa, es Mi labor hacerla madurar. Yo puedo. Tu deber es amarla. Hazlo.* Esa es su palabra del Señor. Permítame ser más práctico respecto al proceso. Le recomiendo que aparte treinta minutos cada día para conectarse con el Señor de manera parecida. Si tiene el hábito de encontrarse con el Señor a diario, entonces, escuchar a Dios llegará a ser cada vez más fácil para usted. Deje que la lámpara de la luz de Dios brille por al menos treinta minutos; si sus días son como el de otras personas, entonces probablemente vea un montón de oscuridad el resto del día. Así funciona el mundo. Entonces, los treinta minutos que pasa con Dios cada día son vitales. Cuando usted necesita escuchar a Dios en cuanto a una decisión o dirección específica que debe tomar, necesita apartar más tiempo, al menos una hora o dos más. Y si es una decisión muy importante, entonces tal vez tenga que salir y apartarse para pasar medio día o hasta un fin de semana con el Señor para poder verdaderamente escucharlo y pasar tiempo con Él.

No quiero que nadie sea rígido sobre el requerimiento de tiempo. Encontrarse con el Señor no se trata de tachar un elemento de su lista, y es importante no llenar una cantidad específica de tiempo como lo haría con su listado de tareas. El punto es que usted elija deliberadamente buscar la presencia y la voz del Señor. Creo que, si usted aparta treinta minutos al día para escuchar a Dios, entonces su vida empezará a mejorar lentamente. Después, cuando el tiempo haya pasado y usted necesite tomar una decisión importante, ya estará en el hábito de escuchar a Dios. Ya sabrá cómo entrar a Su presencia a través de la alabanza. Ya sabrá cómo escribir sus oraciones y cómo escuchar a Dios a través de una historia en la Biblia o de un versículo específico.

Eso es lo que quiero para usted.

LA PALABRA DEL SEÑOR PARA USTED HOY

Después de que mi hija, Elaine, se graduó de la escuela secundaria, primero fue estudiar a una universidad comunitaria para sacar sus cursos generales; y empezamos a orar por sus estudios en una universidad privada. Un amigo mío, el Dr. Mark Rutland, acababa de convertirse en el presidente de la universidad Oral Roberts (ORU) en Tulsa, Oklahoma, y cuando oí que él era el nuevo presidente, sentí como un salto en mi corazón.

Yo sabía que el Dr. Rutland era un hombre de Dios sabio y compasivo y sabía que la universidad estaría en excelentes manos bajo su liderazgo. En una semana o dos iba para Tulsa donde una iglesia local me había llamado para ser orador invitado el domingo. Mi esposa, Debbie, y Elaine me acompañarían, así que le sugerí a mi familia que apartáramos un tiempo para visitar ORU mientras estábamos allí.

Antes de irnos, llamé a la oficina del Dr. Rutland, mencioné que llegaríamos a conocer la universidad y que me preguntaba si el Dr. Rutland tendría un momento para atendernos. Si así era, nos encantaría pasar un momento con él. Sucedió que sí estaba, así que cuando llegamos, se sentía como si Dios hubiera orquestado nuestra visita. Todo parecía tan tranquilo; era maravilloso. Cuando nos reunimos con el Dr. Rutland, primero nos habló a Debbie y a mí por un momento, y luego se dirigió a Elaine y empezó a hablarle directamente a ella. Su voz era clara, piadosa, como la de una figura paterna; gentil, pero direccional. El Dr. Rutland le preguntó a Elaine qué planeaba hacer en el futuro, y cómo se iba a preparar para ello, y qué era lo que el Señor la llamaba a hacer. Después de que la conversación terminó y nos despedimos y salimos de su oficina, Elaine, sonriente, me dijo: "¿Sabes?, era como si Dios me estaba hablando a través de él".

Regresamos a casa, en Dallas, y le pregunté a Elaine si había pensado más en el tema. Y ella dijo: "Realmente sentí como que debo ir". Hablamos acerca de empezar sus estudios a mediados de año, en enero, y dije: "Bien, Elaine, esto es lo que necesitas hacer ahora. Tienes que recibir una palabra de Dios". Y su respuesta fue: "Ah, yo creí que tú ibas a hacer eso por mí".

Eso me dio risa, solo porque he oído eso antes. No de parte de Elaine, sino de las personas en mi congregación. La gente se me acerca con regularidad y me pregunta cuál es la palabra que Dios tiene para su vida. Cuando alguien lo hace, mi respuesta rotunda es:

"No tengo idea. Usted tiene una relación personal con Dios. Dios quiere hablarle a usted personalmente. Pregúntele a Él". No trato de ser brusco con eso. Hay una razón detrás de mi instrucción. Si la situación lo permite, lo llevo a dos pasajes: Hebreos 4:16, donde dice: "Acerquémonos con confianza al trono de la gracia para que recibamos misericordia, y hallemos gracia para la ayuda oportuna", y a Santiago 1:5, donde dice: "Pero si alguno de vosotros se ve falto de sabiduría, que la pida a Dios, el cual da a todos abundantemente y sin reproche, y le será dada". Las frases clave en esos pasajes nos muestran que cada creyente puede tener la confianza de dirigirse a Dios ("acerquémonos con confianza"), y que Dios da sabiduría a *cualquiera* que se la pida. Está bien pedirles consejo a los líderes devotos, y tocaremos el tema en los próximos capítulos. Sin embargo, si usted quiere una palabra de Dios, entonces, por favor, no dependa de nadie para que escuche esa palabra por usted. En circunstancias excepcionales podría suceder, tal como lo veremos en el capítulo 9, pero no es la norma. Es su responsabilidad y oportunidad buscar al Señor por usted mismo. Dios es su Padre bueno y sabio. Y a Él le encanta cuando Sus hijos se acercan a Él.

Así que animé a Elaine a escuchar al Señor por sí misma. Le expliqué esa gran razón por la que escuchar a Dios era importante porque una vez que ella estuviera en la universidad y hubiera pasado algunos meses, entonces, con seguridad, las dificultades y las luchas iban a aparecer. Quizá a ella no le caería bien su compañera de cuarto. O tendría cinco tareas largas que entregar y dos exámenes asomándose y dolor de garganta y los resfriados a la orden del día. En esos momentos de dificultad, la tentación para ella sería rendirse. Pero si ella tenía una palabra del Señor, entonces en esos momentos de dificultad, ella podría revisar la palabra que el Señor le había dado al principio y saber que era la voluntad de Dios que ella estuviera allí, con todo y dificultades.

Entonces, al día siguiente, ella fue a un lago (de tal palo, tal astilla), puso música de adoración y buscó la presencia del Señor en oración. Después de unas tres horas, regresó a casa y dijo: "Bien, Dios me habló. Quiere que vaya allá". Le pedí que se explicara. Elaine sacó su diario y me mostró sus notas. Ella dijo: "Estaba orando y escribiendo, y estos pensamientos y referencias de las Escrituras me vinieron a la mente; y, al principio, no sabía por qué venían. En oración, le había escrito a Dios: 'Se siente como si tuvieras una puerta abierta para mí en Tulsa', y subrayé *puerta abierta*. Luego, escribí: 'Siento como si el Dr. Rutland me estaba hablando directamente. Me sorprendí cuando él me habló porque pensé que lo haría solamente con mis padres. Sin embargo, cuando se dirigió a mí y me habló directamente, fue tan claro, como el llamado de una trompeta, y sentí tal paz de Dios cuando el Dr. Rutland me habló'. Así que subrayé *llamado de trompeta*".

Asentí, y luego Elaine rio al relatar una conversación que yo había tenido con ella antes. Siempre que hablaba de Tulsa, decía que estaba pensando en *bajar* a Tulsa. Pero desde donde vivimos en Texas, Oklahoma está al norte. Mi hija es un poco distraída, y yo no quería que nadie se burlara de la chica que amo, así que mencioné, tan correctamente como pude, que ella en realidad debería decir *subir* a Tulsa. Así que ella había escrito en su diario y lo tenía subrayado *subir*.

Luego, mencionó que, en primer lugar, una de sus preocupaciones más grandes de ir a la universidad era lo que iba a hacer después. Ella podía visualizarse yendo a la universidad, pero el futuro después de eso era desconocido, y esa era una preocupación mayor. Así que lo escribió en su diario y oró por eso.

Había una cosa más: si ella iba a ir a estudiar, necesitaba estar allí el 4 de enero. Entonces, lo escribió y oró por eso. Luego, vio todas las palabras que había subrayado en oración: *puerta abierta*, *llamado de trompeta*, *subir*, *futuro desconocido* y *cuatro*.

Elaine dijo: "Mientras oraba, el Espíritu Santo puso en mi corazón una promesa específica: *estoy por darte la revelación de que el cuatro será la primera de muchas cosas nuevas para ti*. Escribí la promesa en mi diario también, y tres palabras me resaltaron. Las subrayé también: *revelación, cuatro y primera*. Y fue como si Dios me dijera, *Bien, Elaine, ese es tu versículo. Apocalipsis 4:1*"*.

Entonces, Elaine buscó Apocalipsis 4:1, y esto es lo que leyó: "Después de esto miré, y vi una puerta abierta en el cielo; y la primera voz que yo había oído, como sonido de trompeta que hablaba conmigo, decía: 'Sube acá y te mostraré las cosas que deben suceder después de éstas'".

Vea ese versículo de nuevo. Esa era la palabra que el Señor le dio a ella.

Es una puerta abierta.
Tan claro como una trompeta.
Sube acá.
Y te mostraré tu futuro.

Este es el Dios al que servimos, un Dios que se comunica con nosotros en maneras únicas y, a veces, hasta milagrosas. Toda la gloria es para Él. Él es un Dios que habla, un Dios que se relaciona. A Él le encanta guiar y dirigir a Sus hijos por buenos senderos. Él nos invita a correr por los caminos de Sus mandamientos (Salmo 119:32, NVI), pues Él liberta nuestro corazón. La Palabra de Dios es una lámpara a nuestros pies y luz a nuestro camino (versículo 105), y a Él le encanta hablar al corazón de Sus hijos.

La dirección de Dios no siempre es así de clara y dramática. Pero tenga presente que Elaine era una joven empezando su experiencia independiente con el Señor, y esta era su primera decisión mayor, que cambiaría su vida. Está claro que Dios sintió que debía darle dirección certera. (Por cierto, ella se casó con un hombre consagrado llamado Ethan, quien casualmente es, —lo adivinó—graduado de ORU).

Dios también le hablará a usted.

Acuda a la Biblia. Empiece adorándolo a Él y buscando Su rostro. Esté atento a Su voz. Puede confiar sabiendo que el Señor hablará.

---

* En inglés, el libro de Apocalipsis se conoce como "Revelación *(Revelation)*", NdelT.

CAPÍTULO CUATRO

ESCUCHE LA VOZ DE DIOS A TRAVÉS DE LA ADORACIÓN

Allí me encontraré contigo, y [ ] te hablaré.
—Éxodo 25:22

Un amigo mío estaba dirigiendo la adoración en su iglesia cuando un hombre joven se le acercó después y le preguntó si podían hablar. Parecía como si el hombre había estado llorando. "Finalmente lo entiendo", dijo. "Cuando estábamos adorando, las cosas finalmente tuvieron sentido".

Mi amigo le pidió que se explicara.

El hombre describió cómo la congregación había estado cantando una canción de adoración en particular que tenía una línea en el coro que repetía varias veces el tema de la bondad de Dios. Este hombre y su esposa habían perdido un bebé por el síndrome de muerte súbita del lactante (SMSL) un año atrás, y habían estado atravesando por mucho luto y dolor. Sin embargo, al cantar la canción acerca de la bondad de Dios, él fue impactado de nuevo con la misericordia, paz y amor de Dios. Darse cuenta no hizo que todo el dolor desapareciera. Pero él sabía que Dios seguía siendo bueno a pesar de esta dificultad extrema que había sucedido en su vida.

"Es difícil de explicar con exactitud lo que me sucedió cuando estábamos cantando esa canción", dijo. "Fue como si ya no estaba cantando solamente. Sentí que estaba de rodillas ante Dios y lo veía en toda Su gloria. Él sabía todo acerca de mi hijita, y él no me dio una razón por su muerte. Pero, de alguna manera, yo no necesité entender. Aun sin entenderlo, yo sabía que Dios era bueno, que Él nos ama y se preocupa por nosotros. Y supe que mi esposa y yo, de alguna manera, superaremos esta época. Así es como las cosas quedaron en perspectiva, cuando estaba de rodillas ante un Dios bueno".

Un encuentro con Dios

Amigo, quiero que piense en lo que sucede durante un servicio de alabanza en su iglesia. No importa si asiste los domingos por la mañana o sábados en la noche o hasta si ve un mensaje en línea (aunque animo a todo el mundo a no dejar reunirse y asistir físicamente a una iglesia, siendo obedientes a Hebreos 10:25).

En algunas iglesias, los servicios de alabanza se sienten como una lista de eventos que deben cumplirse: Bienvenida. Anuncios. Cantos. Ofrenda. Sermón. Bendición. Si la experiencia en su iglesia es así, entonces le animo a considerar cuidadosamente lo que está sucediendo. Definitivamente no estoy criticando los servicios bien planificados (nosotros en Gateway planificamos nuestros servicios muy cuidadosamente). Pero lo que estoy instando a que todo creyente haga, es asegurarse de que imponen significado en lo que hagan en el servicio de adoración, en todo, siempre, cada vez.

Por ejemplo, tomen el tiempo de los cantos. Vea, cantar cantos no es simplemente cantar cantos. Y la parte de cantar de un servicio no es simplemente el calentamiento para el mensaje. Al contrario, cantar cantos es en realidad un vehículo por medio del cual podemos adorar al Señor y conectarnos con Su persona. Podemos entrar en una percepción de Su presencia y conversar con Dios. Podemos ver a Dios por lo que Él es verdaderamente y responder consecuentemente. Adorar a Dios nunca debe tratarse como un simple ejercicio de memorización. Tenemos que tomar este tiempo con seriedad.

Y, por favor, no piense que la adoración solamente se lleva a cabo en la iglesia. La adoración puede suceder en cualquier momento. Podríamos estar manejando en nuestro carro. Veríamos una puesta de sol majestuosa a la distancia, y de inmediato estamos orando (¡con los ojos abiertos si estamos conduciendo!) y cantando alabanzas a Dios. Momentos espontáneos de adoración pueden darse alrededor de la mesa durante la cena familiar. La adoración puede suceder en un grupo pequeño, en la casa de alguien. La adoración puede suceder cuando estamos caminando solos por el campo en la quietud de nuestro corazón mientras estamos recostados en nuestra cama, justo antes de dormir. Adoración es un encuentro con Dios. Cada vez que veamos a Dios por quien Él es y luego reaccionamos consecuentemente, con o sin música, eso es adoración.

¿Sabía que muchas veces podemos escuchar mejor la voz de Dios cuando adoramos? Muchas veces Dios nos habla más fuerte y claro cuando lo adoramos. Si usted está buscando escuchar al Señor, entonces le animo a que entre en un tiempo de adoración. Enfoque su corazón y mente en el Señor y deje que Él le hable.

Caminemos juntos a través de tres cosas que suceden cuando adoramos a Dios y veamos cómo es que al adorarlo podemos escuchar mejor Su voz.

1. Durante la adoración, Dios se reúne con nosotros y nos habla

Me encanta la historia que está en Éxodo 25, donde Dios se encuentra con el pueblo de Israel. Él les dio instrucciones para que le llevaran una ofrenda y le construyeran un tabernáculo donde Él pudiera habitar en medio de ellos. No era una tarea pequeña. Dios dio instrucciones específicas en cuanto al tamaño, forma y mobiliario del tabernáculo. Debía ser revestido de oro puro, por dentro y por fuera. Un propiciatorio elaboradamente decorado (algo como una tapadera especial para una caja) debía ser colocado sobre el arca. Sobre este propiciatorio, la presencia de Dios se iba a manifestar. Encima del propiciatorio, Dios dijo: "Allí me encontraré contigo, y [...] te hablaré" (Éxodo 25:22).

Piense en las dos cláusulas de ese versículo. Ambas son importantes. Dios habla y dice:

"Allí me encontraré contigo,

Y

Te hablaré".

¿Alguna vez ha pensado en la manera en que estas dos acciones están cercanamente relacionadas, una con la otra, pero que no siempre suceden al mismo tiempo? Muchas veces, en el Antiguo Testamento, Dios le habló al pueblo por medio de los profetas, pero Él no siempre se encontraba con el pueblo cuando lo hacía. Esencialmente, Él usaba a un profeta como Su mensajero. Hoy día, usted puede hablar con la gente por medio de un teléfono, por Skype o correo electrónico y no reunirse con ellos. En Génesis 28, Dios se reúne con Jacob y le habla en sueños. Cuando Jacob despertó, declaró: "Ciertamente el Señor está en este lugar" (versículo 16). Hoy día, usted puede reunirse con las personas o estar en la misma cercanía que ellas (como dos extraños parados uno cerca del otro en el autobús), pero no les habla. Sin embargo, en el pasaje de Éxodo 25, Dios dice Él se reunirá con ellas y hablará con ellas. ¡Cuán maravilloso es eso!

Esa es mi oración por todos nosotros que cuando adoremos a Dios, que ese Dios se reúna con nosotros y nos hable, que tengamos verdaderamente un encuentro con Dios. Mire, Dios nos invita a llegar a un lugar donde le entreguemos a Él todos nuestros temores, preocupaciones, ansiedad y estrés. Y, a cambio, recibir de Él amor, gozo, paz, paciencia, benignidad, bondad, fidelidad, mansedumbre, dominio propio; el fruto del Espíritu Santo (Gálatas 5:22–23). Si me lo pregunta, ese es un intercambio verdaderamente bueno. Llegamos a un tiempo de adoración con temor en nuestro corazón y salimos con fe. Llegamos con estrés, y nos vamos con paz. Esto es parte del centro y la esencia de adorar a Dios. En la adoración, vemos a Dios por quien Él es verdaderamente: un Dios que nos ama y que sostiene el universo en la palma de Sus manos. Dios es soberano. Él está a cargo. Cuando lo adoramos, Él se reúne con nosotros.

Me encanta la manera en que la Nueva Versión Internacional traduce Filipenses 4:19: "Así que mi Dios les proveerá de todo lo que necesiten, conforme a las gloriosas riquezas que tiene en Cristo Jesús". La palabra *proveerá* en el griego original es *pleroo* y a veces se traduce como "suplir", como en "Dios suplirá todo lo que les falte" (RVC).[1] Sin embargo, la palabra significa más que solamente llenar un recipiente. También tiene un componente personal. La misma palabra se utiliza en Romanos 15:13 (traducida como "llenar"), donde Pablo ora: "Y el Dios de la esperanza os *llene* de todo gozo y paz en el creer, para que abundéis en esperanza por el poder del Espíritu Santo". La idea es que Dios se reúne con nosotros personalmente. Él nos suple por medio de Su propia persona lo que nos haga falta. Él llena nuestra necesidad comunicándose espiritualmente con nosotros y transformándonos. Por el poder del Espíritu Santo, una persona, Dios nos hace abundar en esperanza.

Una de las otras cosas emocionantes acerca de Éxodo 25:22 es que Dios no dice simplemente: "Quiero hablarles *a* ustedes". Él dice: "quiero hablar *con* ustedes". ¿Ve la diferencia? Es *con*, no simplemente *a*, lo que sería una sola vía. En clase, un profesor le habla a usted. Sin embargo, la palabra *con* implica conversación. Es doble vía, donde Dios quiere dialogar con nosotros. Él quiere que se dé este aspecto de la comunicación. Es como si Dios estuviera diciendo: *Quiero que tú hables conmigo, y yo también hablaré contigo. Quiero que nos hablemos el uno al otro.* Esas son buenas noticias para usted y para mí. Significa que podemos conversar con Dios en un diálogo verdadero acerca de lo que en realidad está sucediendo en nuestra vida.

Algunas personas podrían ver Éxodo 25:22 y argumentar que este versículo se refiere solamente al tabernáculo del Antiguo Testamento, el que la nación de Israel usó específicamente mientras andaban errantes en el desierto. Dios se reunirá con Su pueblo y allí hablará con ellos. Sin embargo, ¿qué hay de hoy en día? ¿No sería maravilloso si todavía tuviéramos el tabernáculo?

Hay más buenas noticias para nosotros hoy. El tabernáculo en el Antiguo Testamento era un tabernáculo literal, sí; sin embargo, era solamente una copia del tabernáculo venidero, el tabernáculo de nuestro corazón. Segunda Corintios 6:16 dice: "Como Dios dijo: Habitaré en ellos, y andaré entre ellos; y seré su Dios, y ellos serán mi pueblo". Dios no habita simplemente entre nosotros. Él mora dentro de nosotros. ¿Cómo? Cristo mora en nuestro corazón por fe (Efesios 3:17).

2. Durante la adoración obtenemos perspectiva

En tiempos de adoración, cuando verdaderamente nos estamos reuniendo con Dios y Dios habla con nosotros, es donde obtenemos perspectiva. Es donde vemos cuán grande es Dios y cuán pequeños nosotros, cuán bueno es Dios y la forma en que Él quita nuestra iniquidad.

¿Quiere gozo? ¿Quiere ser refrescado? ¿Quiere perspectiva para la vida de hoy? El Salmo 16:11, dice: "En tu presencia hay plenitud de gozo". Hechos 3:19 describe cómo los tiempos de refrescamiento vienen de la presencia del Señor. A principios de los años 90, yo era parte de los empleados de la iglesia Shady Grove y me iba bien, pero también estaba cansado. Tuvimos varias experiencias ministeriales intensas y tiempos de crisis en ese entonces, y llegué a la iglesia un domingo por la mañana sintiéndome exhausto y cerca del agotamiento. Estaba sentando en la congregación, y cuando empezamos a cantar cantos de adoración, pedí en oración que Dios me mostrara un camino claro hacia adelante. Le pedí que se reuniera conmigo y hablara conmigo. Anhelaba Su presencia y quería desesperadamente escuchar Su voz.

Ahora sé que, a veces, Dios trae imágenes a nuestra mente. Algunas personas le llaman a esto visualización. Otras personas dicen que es tener una visión. Eso es lo que me pasó esa mañana. Sucedió durante un tiempo intenso de adoración corporativa. Mientras estábamos "hablando entre [nosotros] con salmos, himnos y cantos espirituales, cantando y alabando con [nuestro] corazón al Señor" (Efesios 5:19), me arrodillé en el piso del auditórium y vi una imagen en mi mente.

En mi imagen mental, yo estaba en la entrada de un gran salón de banquetes, el mismo salón del trono del Señor. Al fondo del salón había un trono enorme, y el Padre estaba sentado en el trono. También había otras personas en el salón de banquetes, y ellas estaban deleitándose alegremente y adorando juntos al Señor. Sin embargo, cuando entré, el Padre le pidió a todos los demás que salieran, así que estábamos solos Él y yo.

Me vi a mí mismo en esta imagen; estaba vestido como un soldado romano que acababa de regresar de la batalla. Tenía una espada en mi mano y llevaba un casco en mi cabeza. Tenía heridas y estaba sangrando, polvoriento y cubierto de suciedad y sudor. Cuando todos los demás se fueron, tuve una visión clara del Padre. "¿Cómo va la batalla?", preguntó. "Es difícil", respondí. "Pero estamos ganando". Él bajó Su cetro, se quitó la pesada corona de Su cabeza y se puso de pie. Yo bajé mi espada y me quité el casco. Luego, Él se inclinó hacia mí y abrió Sus brazos. Corrí hacia Él y salté a Sus brazos. "Es bueno verte, hijo", dijo Él. "Es bueno verte a ti también, Papá", respondí. Y luego, Él estaba sentado en Su trono nuevamente, y yo estaba tranquilo con el Padre. Pero en ese momento, yo ya no era un soldado adulto y rudo. Era un niño, un niño pequeño, tres o cuatro años de edad, y estaba sentado en el regazo de mi Papi, en perfecta calma, igual que lo estaría cualquier chico con un buen padre. Todavía tenía cicatrices, hasta entonces. Pero las cicatrices estaban sanando en Su presencia. Él pasaba Sus dedos sobre las cicatrices y estas desaparecían. Dormí por un momento en Su regazo y descansé. Luego, desperté. Él me besó en la frente y dijo: "Estoy muy orgulloso de ti, hijo".

"Gracias, Papá", respondí.

Entonces, otra vez era un hombre adulto, un soldado, y volví a ponerme mi casco y recogí mi espada. Las puertas del salón se abrieron nuevamente, y toda la gente regresó. El Padre extendió su cetro hacia mí y dijo: "ve fortalecido".

Yo extendí mi espada y salí del salón.

La imagen se desvaneció, y estaba de regreso en la iglesia, adorando la Señor. Me puse de pie, seguían cantando la misma canción, me sentí refrescado y fuerte, listo para volver a la batalla nuevamente. Para mí, esa fue la voz del Señor. Él me estaba recordando que en Su presencia yo encuentro sanidad y renovación. Podría ser un soldado en el campo de batalla, pero en Su presencia soy Su hijo amado.

No tengo visiones como esa todos los domingos. De hecho, Debbie y yo hemos tenido solo unas pocas visiones como esa en toda nuestra vida. Y no estoy diciendo que una visión sea una experiencia estándar para todos los que asisten a un servicio de adoración. Sino que lo que digo es lo que vi en mi mente y corazón durante un tiempo de adoración particularmente intenso ese día me ha fortalecido incluso hasta el día de hoy.

En Isaías 6:1–4, el profeta Isaías describe una visión propia. En la visión, Isaías vio al Señor sentado en un trono, alto y sublime, y los ángeles rodeaban al Señor, uno al otro daba voces diciendo: "Santo, santo, santo es el Señor de los ejércitos; toda la tierra está llena de su gloria". Los ojos espirituales de Isaías fueron abiertos y él vio al Señor en toda Su soberanía, y en toda Su majestad. Isaías vio al Rey del universo: cómo Él está sobre todo, encima de todo, más alto que todo y más grande que todo. Ese punto de verdad es donde también la adoración empieza para nosotros; es cuando vemos quién es Dios, cuando recordamos a quien servimos, el Dios de toda gloria. Isaías respondió consecuentemente. En Isaías 6:5, él dijo: "¡Ay de mí! Porque perdido estoy, pues soy hombre de labios inmundos y en medio de un pueblo de labios inmundos habito, porque han visto mis ojos al Rey, el Señor de los ejércitos".

Esa también es nuestra invitación, ver a Dios por quien Él es. Cuando vemos verdaderamente cuán grande Él es, entonces podemos con facilidad ver cuán pequeños son nuestros problemas ante Él. Nada es demasiado difícil para Dios. ¡Nada! Cuando vemos cuán santo es Dios, entonces vemos nuestras debilidades y flaquezas en comparación a Él. Vemos nuestro propio pecado y cuán lejos estamos de Su gloria. Ver eso no es algo malo. Nos puede atraer al Salvador y llevarnos a experimentar la adoración. Aunque Dios es santo, Él puede habitar en nuestra alabanza. Juan 3:16 es un versículo famoso de la Biblia que describe muy claramente nuestra necesidad intensa de un salvador: "Porque de tal manera amó Dios al mundo que dio a su Hijo unigénito, para que todo aquel que cree en Él, no se pierda, mas tenga vida eterna". Está claro, sin Dios, perecemos. Con Dios, tenemos vida eterna.

En Isaías 6:6–7, uno de los ángeles voló hacia Isaías con un carbón encendido en sus manos. El ángel tocó la boca de Isaías con el carbón encendido y dijo: "He aquí, esto ha tocado tus labios, y es quitada tu iniquidad, y perdonado tu pecado". Esa es una imagen de la gracia de Dios. Dios hace por nosotros lo que no podemos hacer por nosotros mismos. Él toma del altar un carbón encendido y nos limpia completamente. Nuestra iniquidad es quitada. Nuestros pecados son perdonados "tan lejos como está el oriente del occidente" (Salmo 103:12).

Con nuestro pecado resuelto, la restauración y la comunión sucede en la presencia de Dios. Cuando estamos adorando, quitamos nuestros ojos de nuestros problemas y vemos cuán grande es Él. Vemos cuán maravilloso, amoroso, amable y perdonador es Él y sabemos que hemos sido lavados, nuestra iniquidad es quitada. Con ojos limpios, nuestra perspectiva entera se aclara, y podemos ver las cosas desde la perspectiva de Dios.

3. Durante la alabanza animados y facultados

Unos años atrás, Debbie y yo estábamos en Guatemala durante un viaje misionero. Si usted nunca ha ido a un viaje misionero de corto plazo, entonces le recomiendo encarecidamente que vaya. Un día tuvimos la tarde libre, así que Juan Constantino, (uno de nuestros pastores) y su esposa y Debbie y yo decidimos ir de compras.

Quiero señalar que yo no tomé esa decisión por mí mismo. Lo hicieron por mí. Nunca he sido fanático de ir de compras. De hecho, yo lo diría de manera aún más fuerte: yo detesto absolutamente ir de compras. A mi hija, Elaine, le encanta cuando voy de compras con ella, y ella me lo pide con frecuencia, pero yo digo: "Princesa, eso es algo que yo detesto hacer. Oblígame a hacer cualquier otra cosa, pero, por favor, no me lleves de compras".

De cualquier manera, fuimos. Estábamos caminando en una de las áreas de compras, y Juan y yo caminábamos a unos pasos atrás de nuestras esposas. Ellas estaban hablando entre ellas, pero Juan y yo estábamos mayormente callados, admirando el panorama, los sonidos y olores del mercado.

De repente, me doy cuenta que estoy hablándole al Señor, en una conversación completamente dentro de mí. Estaba adorando. No estaba cantando en voz alta, pero tenía una canción de adoración en mi mente, y estaba plenamente consciente de la presencia de Dios, aun mientras estábamos de compras. *Dios está con nosotros. Él es bueno. Él es grande. Y Él nos ama.* Eso era lo que yo estaba pensando, y me acordé de cuánto quiere el Señor encontrarse con nosotros y hablar con nosotros.

La voz de Dios habló a mi corazón y dijo: *Robert, ¿qué es lo que odias más que nada en esta tierra?*

"Ir de compras", respondí.

Cierto, dijo Dios. ¿Y qué es lo que te encanta hacer más que nada en esta tierra?

"Conectar a las personas contigo", dije con toda sinceridad. El evangelismo es verdaderamente una de las cosas que más me encanta hacer. Me encanta conectar a la gente con Dios ya sean salvos, perdidos, o si asisten o no a una iglesia.

Bien, dijo Dios. Entonces, por qué no lo haces en este momento. Mientras Debbie está de compras, haciendo eso que ella disfruta, ¿por qué no haces lo que te encanta hacer al mismo tiempo?

En la siguiente tienda a la que entramos había música cristiana sonando. Me acerqué al dueño de esa tienda y le pregunté: "¿Es usted cristiano?". Juan interpretó para mí.

"No, no lo soy", respondió el dueño.

"Tengo curiosidad, ¿por qué está escuchando música cristiana?", dije.

"Ah, solo porque me gusta", respondió.

Nunca hubiera pensado preguntar esto, pero justo allí, el Espíritu Santo debe haber puesto las palabras correctas en mi mente, porque pregunté: "¿Alguna vez le han dicho cuán fácil es convertirse en cristiano?".

Los ojos del vendedor se iluminaron. "¿Fácil? No. De hecho, me han dicho que es muy difícil y que se requiere de mucho tiempo para convertirse en cristiano".

"Eso no es cierto", le dije. Saqué una Biblia y le mostré cómo ser salvo. Cinco minutos después, allí mismo, en su tienda, él oró para recibir a Cristo en su corazón. Esa es la voz del Señor en acción. Casi un año después, recibí noticias de aquel hombre. Él estaba completamente prendido por Dios, alabando y congregándose en una iglesia cerca de su tienda.

¿Qué es lo importante de la adoración? Dios puede hablarnos cuando adoramos. No es solo cantar o cumplir con los puntos de una lista. Puede suceder en cualquier parte, en cualquier momento cuando entramos en Su presencia, podemos entrever a Dios de nuevo y escuchar Su voz. Jesús habla en Apocalipsis 3:20 y dice: "He aquí yo estoy a la puerta y llamo; si alguno oye mi voz y abre la puerta, entraré a él, y cenaré con él y él conmigo". Este pasaje no habla de comida. Está hablando de estar en comunión con Dios. El énfasis está en Aquel con quien cenamos.

Cuando adoramos al Señor, lo vemos a Él atentamente, escuchamos Su voz y aprendemos de Él. Ver a Dios es una experiencia muy similar a la que tuvo Moisés cuando se apartó y se acercó a la voz en la zarza ardiendo (Éxodo 3:1–5). Moisés fijó su mirada en la zarza. Él dejó lo que estaba haciendo y se concentró en el Señor.

Esa es también nuestra invitación en la adoración. Si estamos sentados en la iglesia, siempre hay un millón de cosas en las que podríamos estar pensando: quizá en las noticias que escuchamos en la radio cuando conducíamos hacia la iglesia, o la tarea que tenemos que escribir para la escuela, o el horario de transporte para la semana que viene. Siempre existe una tentación para que nuestras mentes divaguen. Sin embargo, Cristo nos invita a enfocar nuestros pensamientos y corazón en Él. Esto requiere una acción deliberada de nuestra parte. Hacemos a un lado los pensamientos del mundo y enfocamos nuestra mente en las cosas de arriba a propósito. Segunda Corintios 3:18 dice: "Pero nosotros todos, con el rostro descubierto, contemplando como en un espejo la gloria del Señor, estamos siendo transformados en la misma imagen de gloria en gloria, como por el Señor, el Espíritu".

Cuando tenemos el objetivo de escuchar en adoración al Señor, intencionalmente podemos acallar nuestra mente y corazón e inclinar nuestros oídos hacia Él. Cuando mis hijos eran pequeños, y yo quería hablarles de algo importante, siempre les decía primero que me vieran. Una vez tenía su completa atención visual, ¡era sorprendente lo mucho mejor que me podían escuchar! Dios es igual. Él quiere nuestra atención completa. Cuando tenemos reuniones de ancianos en la iglesia, anhelamos escuchar al Señor. Así que pasamos la primera parte de la reunión en adoración y oración. Siempre queremos deliberadamente estar primero en la presencia del Señor. De esa forma somos más proclives a escucharlo a Él.

En la presencia de Dios podemos aprender de Él. El Salmo 103:7 dice: "A Moisés dio a conocer sus caminos, y a los hijos de Israel sus obras". Dios nos enseña hoy día de igual manera. Jesús dijo en Juan 14:26: "Pero el Consolador, el Espíritu Santo, a quien el Padre enviará en mi nombre, Él os enseñará todas las cosas, y os recordará todo lo que os he dicho".

Me encanta cómo el Salmo 73:1–17 describe el proceso para aprender de Dios:

Ciertamente Dios es bueno para con Israel,
para con los puros de corazón.
En cuanto a mí, mis pies estuvieron a punto de tropezar,
casi resbalaron mis pasos.
Porque tuve envidia de los arrogantes,
al ver la prosperidad de los impíos.

Porque no hay dolores en su muerte,
y su cuerpo es robusto.
No sufren penalidades como los mortales,
ni son azotados como los demás hombres.
Por tanto, el orgullo es su collar;
el manto de la violencia los cubre.
Los ojos se les saltan de gordura;
se desborda su corazón con sus antojos.
Se mofan, y con maldad hablan de opresión;

hablan desde su encumbrada posición.
Contra el cielo han puesto su boca,
y su lengua se pasea por la tierra.

Por eso el pueblo de Dios vuelve a este lugar,
y beben las aguas de la abundancia.
Y dicen: ¿Cómo lo sabe Dios?
¿Y hay conocimiento en el Altísimo?
He aquí, estos son los impíos,
y, siempre desahogados, han aumentado sus riquezas.

Ciertamente en vano he guardado puro mi corazón
y lavado mis manos en inocencia;
pues he sido azotado todo el día
y castigado cada mañana.

Si yo hubiera dicho: Así hablaré,
he aquí, habría traicionado a la generación de tus hijos.
Cuando pensaba, tratando de entender esto,
fue difícil para mí,
hasta que entré en el santuario de Dios;
entonces comprendí el fin de ellos.

El salmista empieza su oración contando cuán desesperado estaba. Tenía envidia de los arrogantes, estaba celoso cuando miraba la prosperidad de los malvados. Sus pies estuvieron a punto de tropezar, y sus pasos casi resbalan. Él fue tentado por el pensamiento de que seguir a Dios era un desperdicio de tiempo. "Ciertamente en vano he guardado puro mi corazón" (versículo 13), se lamentó.

Luego, todo cambió. Observe la palabra *hasta* en el versículo 17. Él estaba pensando equivocadamente y casi cae *hasta* que entró en el santuario de Dios. Su perspectiva cambió cuando entró en el santuario de Dios y *se reunió y habló con Dios*. El resto del salmo describe su nueva perspectiva. Él dice en los versículos 23–26:

Sin embargo, yo siempre estoy contigo;
tú me has tomado de la mano derecha.

Con tu consejo me guiarás,
y después me recibirás en gloria.
¿A quién tengo yo en los cielos, sino a ti?
Y fuera de ti, nada deseo en la tierra.
Mi carne y mi corazón pueden desfallecer,
pero Dios es la fortaleza de mi corazón y mi porción para
siempre.

Fue cuando entró en el santuario del Señor que toda la perspectiva del escritor cambió. Esto es adoración. Es una imagen de un creyente acercándose a Dios. El hombre ha puesto su confianza en Dios y lo adora. Es animado y facultado y está listo para ser guiado hacia adelante.

MÚDATE A BETEL

Justo antes de plantar Gateway Church, Debbie y yo nos sentimos guiados por el Señor a poner nuestra casa en venta y mudarnos más cerca del área donde Gateway iba a estar localizada.

Sin embargo, tengo que decir que al principio no estábamos muy optimistas de vender nuestra casa. En enero del año anterior, habíamos puesto la casa en venta y nadie la fue a ver. Ni un alma. Tenía el precio correcto, la casa lucía bien, teníamos un buen agente de bienes raíces y estaba en un área donde la gente estaba comprando. De hecho, otras tres casas en nuestro vecindario estuvieron en venta al mismo tiempo que la nuestra y las tres, todas, se vendieron en menos de un mes. Nadie vino a ver la nuestra. Así que cuando oímos al Señor sobre tratar de vender nuestra casa de nuevo, Debbie y yo estábamos definitivamente dispuestos a venderla, pero creo que dudamos de nuestra propia capacidad para escuchar al Señor.

Estábamos sentados en la iglesia un domingo, justo en ese tiempo y adorábamos al Señor, y sentí claramente una indicación de leer Génesis 35:1, pero de leerla en la Biblia de Debbie. Eso era extraño. Yo sabía lo que Génesis 35:1 decía en mi Biblia. Volví a abrirla y leí el versículo en mi versión Las Américas: "Entonces Dios dijo a Jacob: 'Levántate, sube a Betel y habita allí; y haz allí un altar a Dios'".

Dios había puesto ese versículo en mi corazón antes como una palabra acerca de empezar una iglesia. Él quería que yo fuera a algún lugar, habitara en algún lugar y le hiciera un altar al Señor allí. Está bien. Eso estaba haciendo. Pero ¿por qué sentí ese impulso distintivo de leer este versículo en la Biblia de Debbie? Ella estaba usando la Nueva Traducción Viviente. Dejé mi Biblia a un lado, abrí la de ella y leí el versículo nuevamente: "Entonces Dios le dijo a Jacob: '¡Prepárate! Múdate a Betel, establécete allí y edifica un altar a Dios'".

Múdate a Betel.

Esa era la palabra cambiada que Dios quería que yo viera. No sencillamente *habita* allí, sino *múdate* allí.

Dejé la Biblia de Debbie y continué adorando al Señor. Mientras adoraba, sentí otra clara impresión: poner nuestra casa en venta nuevamente y hacerlo rápido. Cuando Debbie y yo regresamos a casa ese día, hablamos del tema y oramos mientras tomábamos la decisión. Al día siguiente volvimos a poner nuestra casa en venta. En menos de dos semanas, no teníamos solo uno sino dos compradores. Resultó una guerra de ofertas sobre nuestra casa, y se vendió poco tiempo después. Pudimos mudarnos al área donde plantamos la iglesia.

Amigo, cantar cantos de adoración no es simplemente cantar canciones. Y la parte de cantos del servicio no es simplemente un calentamiento para el mensaje. Más bien, cantar cantos y todo a lo que se le llama "los preliminares del servicio" (tal como la ofrenda o la lectura de la Biblia) en realidad son vehículos por medio de los cuales adoramos al Señor. Podemos entrar en Su presencia y tener comunión con Dios. Podemos ver a Dios por quien Él es y reaccionar consecuentemente. Tenemos que tomar este tiempo con seriedad. Nunca podemos pensar que adorar al Señor es puramente un ejercicio de repetición. Cuando el enfoque de nuestro corazón está correcto, escuchamos el mensaje como si Dios estuviera teniendo una conversación con nosotros. Adorar es un encuentro con

Dios. Cada vez que vemos a Dios por quien Él es y respondemos en consecuencia, eso es adoración.

Muchas veces podemos escuchar la voz de Dios con más claridad en la adoración. Si usted busca escuchar al Señor, entonces le animo a entrar en un tiempo de adoración. Acalle su corazón, enfóquese en el Señor, aprenda de Él y deje que Él guíe su camino.

CAPÍTULO CINCO

VALORE LA VOZ DE DIOS

Estad quietos, y sabed que yo soy Dios.
—Salmo 46:10

Durante un sueño que tuve una noche en 1993, Dios me dio una visión para el ministerio. Era una visión más grande de lo que yo jamás hubiera podido imaginar por mí mismo, y fue una de las palabras más específicas del Señor que había recibido. Dios me hablaba en el sueño. Esta era Su palabra para mí: *Quiero que construyas una iglesia de treinta mil personas que alcance trescientas mil en el metroplex de Dallas/Fort Worth. Además, quiero que esta iglesia alcance tres millones de personas en Texas, treinta millones de personas en Estados Unidos y trescientos millones de personas alrededor del mundo.*

¡Guau! Difícilmente podía imaginar un ministerio con ese tipo de números. El camino por delante parecía imposible: demasiado difícil, demasiado inclinado. No era ni siquiera la idea de los grandes números lo que me impresionaba. Sabía que los números grandes no eran el centro de la visión; eran los corazones y vidas cambiadas que esos números representaban. Aun así, la visión se sentía demasiado grande, algo que no podría manejar solo. Me pregunté si, quizás, había malentendido al Señor.

Pero la mañana siguiente leí 1 Samuel 11:8: "Y los contó... y los hijos de Israel eran trescientos mil y los hombres de Judá treinta mil". Cuando leí esos números, inmediatamente, el Señor confirmó en mi corazón que el sueño que había tenido la noche anterior provenía de Él.

Esta no es la porción de la Escritura donde el rey David contó al pueblo de Israel en un censo para mostrar cuánto poder tenía aparte del Señor. (En esa porción de la Escritura, 1 Crónicas 21:1–7, el rey David fue condenado por el hecho de haber contado). Más bien, en la porción de la Escritura que yo leí, la nación pagana de los Amonitas había atacado a los israelitas que vivían en Jabes de Galaad y los había sitiado. Los hombres de Jabes de Galaad suplicaron un pacto. Básicamente dijeron: "No hagas guerra contra nosotros y seremos tus esclavos", la propuesta de un pacto profano. Los amonitas estuvieron de acuerdo en no hacer guerra en Jabes de Galaad si todos los hombres de la ciudad accedían a dejarse sacar el ojo derecho para deshonrar y debilitar a la nación entera.

Los líderes de Jabes de Galaad detuvieron al enemigo; mientras tanto, el Espíritu del Señor vino sobre el rey Saúl para lanzar un rescate. El pueblo de Israel y Judá fue numerado para mostrar su solidaridad y fortaleza ante el Señor.

Fue un acto de numeración santo.

Mire, yo estaba en el proceso de aprender a valorar la voz del Señor. Le habría dicho que yo ya valoraba Su voz, pero Dios quería que aprendiera esta lección más de una vez. Él quería que yo la aprendiera una y otra y otra vez. ¿Por qué? Muchas veces, eso es lo que se necesita con nosotros.

En Marcos 6:30-44, Jesús hizo un milagro y Sus discípulos lo vieron; Él alimentó a cinco mil personas usando solamente cinco panes y dos pescados pequeños. Luego, justo después de eso, en Marcos 6:45-56, Jesús calmó la tormenta milagrosamente por Sus discípulos, y observen la respuesta de ellos: *¡Guau! ¿También eso puedes hacer?* "Subió [Jesús] entonces a la barca con ellos, y el viento se calmó. Estaban sumamente asombrados, *porque* tenían la mente embotada y *no habían comprendido lo de los panes*" (Marcos 6:51-52, nvi).

Lo mismo puede pasar con nosotros muchas veces cuando estamos buscando una palabra del Señor. Aprendemos a valorar Su voz con el tiempo. Tenemos que escucharlo a Él una y otra y otra vez.

Dé un paso de fe

Al principio, yo no sabía qué hacer con la visión.

Cuando recibí el sueño, yo era parte del personal de la iglesia Shady Grove y el pastor Olen Griffing, el fundador y pastor principal, había estado hablándome acerca de llegar a ser pastor principal algún día. Yo sentía que el Señor me estaba diciendo que esperara, que me quedara donde estaba por el momento, y la visión se llevaría a cabo a medida que el Señor ordenaba las cosas en el futuro. Por mí, eso estaba bien. El Señor podía moverse como Él quisiera. Él me mostraría cuándo empezar y cómo. Pasó un año y otro y otro. Después de que habían pasado siete años, fui al Centro de Oración de la iglesia y pasé un día con el Señor, Él renovó la visión y empezó a hablarme de plantar una iglesia en el Metroplex de Dallas/Fort Worth, al noroeste de Shady Grove.

Solo entonces compartí con el pastor Olen lo que el Señor me había dicho. Yo sabía que tenía que renunciar a Shady Grove para progresar con la visión. Él estaba desilusionado de verme partir, pero sabía que la transición era del Señor. El pastor Olen y los ancianos me dieron su bendición y pensaron que sería una buena idea si, después de renunciar viajaba y descansaba por un tiempo (sin divulgar cuánto) antes de plantar la iglesia. De manera que muy amablemente me dieron dos meses de descanso pagados. No estaba seguro de cuánto tiempo de descanso quería el Señor que tomara, o lo que pasaría financieramente con mi familia después de que pasaran esos dos meses, pero sabía que el Señor nos guiaría y proveería.

Más tarde ese mismo día renuncié y llamé a mi amigo el pastor Jimmy Evans para contarle que iba a tomar un descanso y que iba a viajar por un tiempo. Le dije que no estaba dando un salto para plantar una nueva iglesia de inmediato y que estaba disponible si necesitaba que fuera a predicar. El pastor Jimmy inmediatamente dijo: "Quiero que viajes y prediques en nuestra Asociación de Iglesias *Trinity Fellowship* [aproximadamente setenta iglesias]. Yo te pagaré lo mismo que Shady Grove te ha estado pagando". Había renunciado sin saber de dónde vendría mi próximo cheque, pero en pocas horas me habían contratado en la iglesia *Trinity Fellowship* ganando exactamente lo mismo. Fue como si hubiera dado un paso adelante, pero mi pie de atrás se había separado de la tierra antes de que el de enfrente aterrizara. Aun así, cuando aterricé estaba a salvo gracias a Jesús. Para mí, aterrizar a salvo era otra confirmación de que el Señor estaba en esto.

¿Qué hay en un nombre?

Cuando llegó el momento de empezar el nuevo trabajo, me preguntaba en oración sobre qué nombre deberíamos ponerle a nuestra nueva iglesia. Sabía que el nombre es importante. Una mañana, durante mi devocional, el Señor puso en mi corazón el nombre Gateway. Unos días después, me encontré con el capítulo veintiocho de Génesis. Este relata que Jacob tuvo un sueño donde vio el cielo abierto y los ángeles subiendo y bajando entre el cielo y la tierra. En este sueño, Jacob tuvo un encuentro con Dios mismo en el que Dios le hizo una promesa extraordinaria a él. Cuando Jacob despertó, exclamó: "¡Ciertamente el Señor está en este lugar... Qué temible es este lugar! No es ni más ni menos que la casa de Dios, ¡la puerta misma del cielo!" (Génesis 28:16–17, NTV). Esa frase me llamó la atención: *la puerta misma del cielo*.

Eso era exactamente lo que yo quería para Gateway Church. Quería que fuera un lugar donde las personas encontraran la presencia de Dios; donde la gente que nunca había experimentado el amor, poder y paz de Dios pudiera sentir Su presencia al momento de atravesar la puerta, y que ellos declararan: "¡Ciertamente el Señor está en este lugar!".

Tenía la sensación de que la región de Southlake, de Dallas/Fort Worth era el lugar donde debíamos empezar la iglesia, y poco después de que esta sensación empezara, Debbie y yo fuimos allá a cenar con unos amigos. Justo cuando estábamos tomando la salida hacia el boulevard Southlake, le dije a ella, "Siento que el Señor me dio el nombre de la iglesia".

"Ah, ¿Cuál es?", preguntó.

"Gateway", le dije.

Justo en ese momento, vimos un rótulo enorme que decía: "¡Próximamente! Gateway Shopping Plaza". (Es el mismo centro comercial que está en esa localidad ahora, pero no había sido construido todavía en aquellos días. Era solamente un rótulo). Solo nos reímos.

Fuimos a buscar a nuestros amigos y empezamos a contarles acerca del nombre y del rótulo que habíamos visto. Regresamos para mostrárselo a ellos, pero, esto es lo extraordinario: cuando lo buscamos para verlo, no había ningún rótulo. Íbamos conduciendo en una dirección diferente en ese momento, entonces pensamos que tal vez no podíamos verlo porque estada en un ángulo diferente. Después de comer, regresamos y tomamos exactamente la misma salida que la primera vez. Cuando cruzamos a la izquierda para pasar encima del puente, dije: "Miren; podrán verlo muy bien". Pero no había ningún rótulo. Nunca volvimos a ver ese rótulo.

¿El rótulo era una visión que el Señor nos había dado a Debbie y a mí por un momento? ¿O vimos un rótulo sólido con poste y madera que se cayó después o que se lo llevaron por alguna razón? Nunca lo sabremos. Pero lo que sí sabemos es que el Señor usó la imagen de un rótulo en Su manera misteriosa de hablarnos en confirmación de los pensamientos que Él me había dado antes.

La voz de Dios y el tiempo de nuestro primer servicio

Dios había sido tanto vocal como específico acerca del tiempo de nuestro primer servicio. En los primeros meses del año 2000, Debbie y yo estábamos orando sobre cuándo deberíamos tener nuestro primer servicio. Un día, yo estaba leyendo un libro en un lugar de la casa y Debbie leía otro libro en otra parte de la casa. En el libro que ella estaba leyendo había una historia acerca de una iglesia que tuvo su primer servicio el Domingo de Resurrección. Al instante, el Señor le habló a ella y dijo: *El primer servicio de Gateway debe ser el Domingo de Resurrección.* En el libro que yo leía, un pastor estaba orando por un avivamiento, y el Señor le dijo a él, *voy a enviar un avivamiento a la iglesia el Domingo de Resurrección.* En ese momento, el Señor habló a mi corazón, diciendo: *Empieza el Domingo de Resurrección.*

Fui a la otra habitación y le dije a Debbie: "Yo sé cuándo se supone que empecemos la iglesia. El Señor acaba de hablarme".

Y ella dijo: "Bueno, el Señor me lo acaba de decir a mí también".

"¿Qué te dijo?".

"Domingo de Resurrección", respondió ella.

Y, por supuesto, yo estaba de acuerdo, "Domingo de Resurrección".

Justo después de eso, yo estaba hablando con el pastor Jimmy por teléfono, y le conté que el Señor nos había dado la fecha en que íbamos a empezar la iglesia. Y él dijo: "Bueno, yo sé cuándo se supone que debes empezar la iglesia porque Él me lo dijo a mí también".

"Bueno, ¿qué te dijo?", pregunté.

"Domingo de Resurrección".

Poco tiempo después, el pastor Wayne Drain y yo estábamos dirigiendo juntos una reunión. El tema de ese día era cómo un ministerio profético es aún vital y necesario para la iglesia de hoy. El pastor Wayne le pidió a un hombre que se pusiera de pie y empezó a darle una palabra del Señor, luego se detuvo repentinamente, volteó y dijo: "Robert, el Señor dice: 'Domingo de Resurrección, Domingo de Resurrección, Domingo de Resurrección'". Se volteó nuevamente y continuó dándole la palabra al hombre.

Estas confirmaciones prueban que la Biblia dice: "Que toda palabra sea confirmada por boca de dos o tres testigos" (Mateo 18:16; 2 Corintios 13:1).

No había conflicto. Domingo de Resurrección, 23 de abril de 2000, sería el primer servicio de Gateway.

Confirmación adicional

Tres meses después de que plantamos Gateway Church, estaba usando un plan para leer la Biblia en un año durante mi tiempo devocional. Me había olvidado de la escritura que el Señor había usado para confirmar el sueño que me había dado siete años antes hasta que llegué a 1 Samuel 11. Leí esas palabras nuevamente: "Y los contó…y los hijos de Israel eran trescientos mil y los hombres de Judá treinta mil" (versículo 8). El Señor me dijo: *Voy a recordarte lo que te llamé a hacer. Voy a confirmarte estos números nuevamente.* Yo recordé que cuando plantamos la iglesia, *Trinity Fellowship* (donde Jimmy Evans era pastor principal en ese momento) nos había dado treinta mil dólares como semilla para empezar.

Más tarde, ese mismo día, almorcé con un hombre que había

visitado nuestra iglesia dos veces y al final del almuerzo dijo: "Mi familia y yo vamos a unirnos a la iglesia, y ¡estamos muy emocionados por eso! De vez en cuando, tenemos algunos recursos que podemos sembrar en el reino. El Señor ha puesto una cantidad específica en mi corazón y quiero darle esto a la iglesia". Me entregó un cheque y me dijo: "Él me dijo que le dijera que esta cantidad le va a confirmar algo a usted".

Le agradecí al hombre y le dije cuán agradecidos estábamos. Nos despedimos y después de que entré a mi carro, busqué en mi bolsillo y saqué el cheque: era por trescientos mil dólares. ¡El Señor había confirmado los números que me había dado en un sueño siete años antes!

No hay duda en mi mente de que esos números eran de Dios. Cuando Él quiere que hagamos algo, nuestra parte es servirlo apasionadamente con todo nuestro corazón. A Dios le toca cumplir Su Palabra; a nosotros, obedecer en fe. Sabía que Dios me estaba diciendo que si yo me hacía cargo de la profundidad de mi relación con Él —al tener una relación personal, diaria, íntima y en sano crecimiento con Jesucristo— entonces, Él se haría cargo del ancho del ministerio.

Un plan claro y directo

Mientras escribo este libro, Gateway Church ha existido durante más de quince años. Los números de la visión hasta ahora se están convirtiendo en realidad, aunque no los hemos alcanzado todos todavía y hay más trabajo por hacer.

Lo que nos dice eso es que Dios tiene un ministerio de larga vida delante de nosotros. Tenemos un promedio de treinta mil personas asistiendo a los servicios semanales en nuestros templos. Nuestros servicios son grabados en video y son presentados en siete cadenas de televisión diferentes, dieciséis veces por semana. Los miembros de nuestro equipo de adoración escriben muchas de nuestras propias canciones de adoración, las cuales han ido por todo el mundo al igual que los libros que escribo. Así que es difícil saber con exactitud cuántas personas estamos alcanzando. Hace algunos años, Debbie y yo hicimos un viaje ministerial a Londres, Israel y Egipto, y las personas en todos los tres países se acercaron a nosotros para decirnos: "Nosotros vemos su programa en la televisión".

¿Por qué le conté esta historia? Los números no me dirigen a mí. Lo que me mueve es mi amor por el Señor, mi deseo de que mi relación con Él se mantenga apasionada, y mi confianza en Su soberanía de que la verdadera obra del ministerio viene de Él. Yo quiero ser sencillamente una luz para el reino de Dios y llevar una vida que honre a Dios.

Le cuento esta historia para mostrarle una manera en que, con el paso del tiempo, he aprendido a valorar la voz de Dios. No es que no la valorara antes, sino que necesitaba aprender, y luego reaprender con el tiempo, a reconocer Su voz y, luego, confiar en Él todo lo demás. La visión para plantar Gateway Church no vino de mí. Vino de Dios. No había manera que yo pudiera implementar ese tipo de plan. Pero Dios sí podía. Él está a cargo. Yo necesito hacer mi parte en eso y actuar según Él me guíe. Aun así, Él siempre es quien está a cargo.

Entonces, ¿qué relación tiene esto con usted? Es mi oración que usted también aprenda a valorar la voz de Dios en su propia vida.

Mencioné antes cómo hablamos de la voluntad general de Dios y la voluntad específica de Dios. Cuando tenemos un cambio de empleo o estamos comprando una casa nueva o tenemos que tomar una decisión importante en relación a nuestro matrimonio o familia o futuro, queremos una palabra específica del Señor. Y necesitamos una palabra de Él también. Y Él nos dará una. Sin embargo, mi preocupación es que, a veces, tratamos de escuchar una palabra específica de Dios sin desarrollar primero el hábito de escuchar una palabra general de Dios a diario. Esa es una parte importante del proceso de aprender a valorar la voz de Dios.

Si solo nos reunimos con Dios cada seis meses o cuando surge una decisión grande, entonces nos perderemos no solo de conocer la voluntad general de Dios sino también de una amistad cercana, diaria con Él. Así que debemos aprender a valorar Su voz, Su voz general, con regularidad si queremos escuchar Su voz específica de vez en cuando. Si no tenemos el hábito de reunirnos con Él y de escucharlo con regularidad, entonces será mucho más difícil escuchar una palabra específica de Dios.

Entonces, ¿cómo escuchamos la voz general de Dios? Permítame ofrecerle cuatro pasos prácticos.

1. Haga una cita con Dios

Permítame preguntarle simple y directamente: ¿Cuánto tiempo de su horario diario tiene dedicado a escuchar la voz de Dios? Muchos de nosotros creemos falsamente que estamos muy ocupados para hacer de esto una prioridad. Pero esta es una recomendación práctica: si quiere escuchar a Dios, entonces haga una cita con Dios todos los días. Ponga a Dios en su agenda.

Quizá eso le parezca profano. Agendar a una persona en su vida se siente como si estuviera diciendo que usted es el centro de importancia. Usted es el jefe y el horario de la otra persona gira alrededor del suyo. Definitivamente, usted no agendaría a su esposa en su vida de esta manera. O a sus hijos. ¿Lo haría?

Lo desafío a pensar en su programación de manera diferente. Usted ordena su horario alrededor de lo que es más importante. Si algo es importante, entonces lo hace una prioridad. Usted agenda sus reuniones más importantes. Pone en su horario las llamadas telefónicas que no quiere dejar pasar. Calendariza tiempo para vacaciones para poder reanimarse. Agenda tiempo con su médico, dentista, abogado o auditor. En este sentido, programar no denigra a la persona de Dios en su vida. Lo hace una prioridad.

En Éxodo 19:10–11, leemos acerca de personas que hacen una cita con Dios: "El Señor dijo también a Moisés: 'Ve al pueblo y conságralos hoy y mañana, y que laven sus vestidos; y que estén preparados para el tercer día, porque al tercer día el Señor descenderá a la vista de todo el pueblo sobre el monte Sinaí'".

Observe lo que Dios está haciendo. Él está programando una cita para reunirse con los israelitas. Dios quiere que el pueblo esté listo para Su cita. Dios viene a preparar al pueblo en una atmósfera preparada. Lo importante de esta historia en la Biblia es que Dios no le dice simplemente a Moisés, "Oye, reúne a todo el mundo en cualquier momento". Él dice básicamente: "Prepáralos. En tres días, deja que ellos escuchen la palabra del Señor". Éxodo 19:19 continua la historia: "El sonido de la trompeta aumentaba más y más; Moisés hablaba, y Dios le respondía con el trueno".

Cuando ve a lo largo de la Biblia las veces en que las personas tuvieron encuentros con Dios, muchas veces hubo alguna preparación anticipada. Solo piense en toda la preparación que sucede en la iglesia antes del domingo. ¿Qué pasaría si usted llegara un fin de semana y nadie lo saludara al entrar porque no hay nadie que le dé la bienvenida? Luego, usted va a dejar a sus hijos a la clase dominical, pero no hay maestros en las clases de los niños, las luces ni siquiera están encendidas. Después, entra al santuario, pero las sillas no están colocadas. El equipo de adoración no ha ensayado. Nadie ha escogido, siquiera, las canciones para cantar. No hay nadie calificado para manejar el sonido y el sistema de alto parlantes ni siquiera lo han encendido. No hay ujieres que le ayuden a buscar un lugar para sentarse. Nadie le dio un boletín. El pastor no ha preparado sus notas pastorales. Él solo se paró y dijo: "Bueno, mmm qué mal, creo que debo decir algo, así que aquí voy".

Sí, estoy consciente de que hay iglesias se preparan poco para el servicio del fin de semana y, luego, le echan la culpa a la poca asistencia, congregantes apáticos, falta de liderazgo, pocos invitados que regresan y a una experiencia de adoración de mala calidad, entre otras cosas. Definitivamente, el Espíritu Santo puede actuar en cualquier momento y en cualquier lugar y, por supuesto que queremos dejar que el Espíritu Santo se mueva de la manera en que Él quiera durante un servicio de fin de semana. Sin embargo, el Espíritu Santo nunca es desorganizado. De hecho, el Espíritu Santo muchas veces fluye mejor en un terreno preparado. El Espíritu Santo, definitivamente, le habla a un líder el martes sobre lo que quiere hacer el siguiente domingo de manera que un servicio bien preparado sea, además, un servicio guiado por el Espíritu.

Incluso para las iglesias que su estilo es más informal, Dios aún recomienda preparación y orden, no caos y desorden. Pablo dice en 1 Corintios 14:26 y 33: "¿Qué hay que hacer, pues, hermanos? Cuando os reunís, cada cual aporte salmo, enseñanza, revelación, lenguas o interpretación. Que todo se haga para edificación... porque Dios no es Dios de confusión, sino de paz, como en todas las iglesias de los santos". Esa es una ilustración de organización, incluso de organización informal. Cada uno está preparado y en orden. Lo mismo sucede cuando queremos escuchar la voz de Dios. Se nos invita a preparar primero el terreno para plantar, y una de las mejores maneras en que podemos hacerlo es programando una cita. Si no programamos una cita para encontrarnos con Dios, entonces nos perderemos de nuestro tiempo con Él. Usted pregunta, ¿cómo puede perdérselo si, en primer lugar, no hizo una cita? Ese es exactamente mi punto. La cita no está. Sin cita, el día tiende a irse en otras cosas.

Algunos cristianos insisten en que la única hora para hacer una cita con Dios es temprano en la mañana, mientras más temprano mejor, preferiblemente. Yo diría que a las 5:00 a. m. podría ser la mejor hora para algunos, pero no todos están en su mejor momento a las 5:00 a. m. Así que escoja su mejor hora. Es muchísimo más importante que tengamos un tiempo con Dios que la hora en que se hace; lo que significa que el factor hora es secundario a la cita en sí. Si usted es una persona que le gusta levantarse temprano, entonces haga una cita en la mañana. Algunas personas escogerán encontrarse con Dios durante su hora de almuerzo. Ellos toman su almuerzo y su Biblia y se van a la banca de un parque y se encuentran con Él allí. Si usted tiene hijos pequeños, su mejor momento podría ser después de que todos estén dormidos, en la noche, cuando la casa finalmente esté en silencio.

También recomiendo encontrar un lugar que sea un santuario consistente donde pueda encontrase con el Señor. Este podría ser una habitación en su casa, una cafetería cercana o un parque que tenga un lago. Usted podría tener más de un lugar, eso está bien. Un santuario, en este sentido, es cualquier parte donde usted pueda encontrarse con el Señor y estar enfocado sin interrupciones. Es un lugar donde usted puede estar a solas con Dios, aunque podría estar en un lugar público. Nuestro pastor general ejecutivo, Tom Lane, toma su diario y su Biblia y se encuentra con Dios todas las mañanas en McDonald's. Él lo ha hecho por más de treinta años y le funciona muy bien.

Así que haga una cita y encuéntrese con Dios. ¿Qué sucede primero durante esta reunión?

2. Esté quieto y adore

La cita empieza cuando estamos quietos delante de Él. Y lo adoramos.

Estar quietos es difícil para muchos de nosotros, aun así, la Biblia nos exhorta: "Estad quietos, y sabed que yo soy Dios" (Salmo 46:10). La versión Dios Habla Hoy lo redacta de esta manera: "¡Ríndanse! ¡Reconozcan que yo soy Dios!". Independientemente de la traducción, la redacción refleja una postura de quietud ante el Señor, de escuchar, de fiel expectativa, de entregar las preocupaciones y la ansiedad a los pies de Dios porque Él cuida de nosotros (2 Pedro 5:7; Salmo 55:22).

Vemos esta postura de estar quietos a lo largo de la Escritura. Tan pronto como los israelitas dejaron su esclavitud en Egipto, Faraón cambió de opinión acerca de dejarlos ir. Se subió a su carro y se llevó a su ejército con él, persiguiendo a los israelitas por todo el camino hasta el mar Rojo. A medida que Faraón se acercaba, los israelitas vieron un vasto ejército que los acechaba. Los israelitas no podían avanzar porque el mar les bloqueaba el paso. Empezaron a lamentarse diciendo que habría sido mejor para ellos haberse quedado en Egipto como esclavos. Sin embargo, estaban por descubrir que no necesitaban pelear esta batalla: "—No tengan miedo —les respondió Moisés—. Mantengan sus posiciones, que hoy mismo serán testigos de la salvación que el Señor realizará en favor de ustedes. A esos egipcios que hoy ven, ¡jamás volverán a verlos! Ustedes quédense quietos, que el Señor presentará batalla por ustedes" (Éxodo 14:13–14, NVI).

¿Captan los mandatos?

"Mantengan sus posiciones...
Serán testigos de la salvación que el Señor
realizará en favor de ustedes.
Ustedes quédense quietos"

Me encanta la historia en 2 Crónicas 20, donde tres ejércitos habían rodeado a Judá y a Jerusalén. La gente estaba aterrada, y allí, con enemigos a su alrededor, se quedaron ante el Señor, preguntándose qué hacer. Luego el Espíritu del Señor vino sobre un hombre llamado Jahaziel, un levita, y él se paró en la asamblea y dijo: "No tengan miedo ni se acobarden cuando vean ese gran ejército, porque la batalla no es de ustedes sino mía. ...Pero ustedes no tendrán que intervenir en esta batalla. Simplemente, quédense quietos en sus puestos, para que vean la salvación que el Señor les dará" (versículos 15 y 17, NVI).

Observe las acciones que tomaron los israelitas:

Después de consultar con el pueblo, Josafat [el rey] designó a los que irían al frente del ejército para cantar al Señor y alabar el esplendor de su santidad con el cántico:

"Den gracias al Señor;
su gran amor perdura para siempre".

Tan pronto como empezaron a entonar este cántico de alabanza, el Señor puso emboscadas contra los amonitas, los moabitas y los del monte de Seir que habían venido contra Judá, y los derrotó. De hecho, los amonitas y los moabitas atacaron a los habitantes de los montes de Seir y los mataron hasta aniquilarlos. Luego de exterminar a los habitantes de Seir, ellos mismos se atacaron y se mataron unos a otros.

Cuando los hombres de Judá llegaron a la torre del desierto para ver el gran ejército enemigo, no vieron sino los cadáveres que yacían en tierra. ¡Ninguno había escapado con vida! (2 Crónicas 20:21–24).

Si quiere mi opinión, yo diría que esa es ¡una manera buenísima de ganar una guerra! Díganle a los músicos que salgan primero. Ellos guiarán a todos en cantos y adoración a Dios, y luego Dios se hará cargo del resto.

Este patrón se describe nuevamente en Hechos 13:2: "Mientras ayunaban y participaban en el culto al Señor, el Espíritu Santo dijo: 'Apártenme ahora a Bernabé y a Saulo para el trabajo al que los he llamado'" (NVI). Observe la secuencia de las acciones en ese versículo. La adoración sucedió primero. La voz del Espíritu Santo fue lo segundo.

¿Específicamente cómo sería permanecer quieto y adorar? Para mí, significa ir a un lugar tranquilo donde pueda dejar de lado los pensamientos del día. Poner música de adoración y, literalmente, empezar a cantar. A veces, no uso música. Solo canto. Con frecuencia, le pregunto a Dios primero: "Señor, ¿qué canción quieres que te cante hoy?". Y el Señor trae una canción de adoración a mi mente. Generalmente, canto en el interior solamente, porque cuando canto al aire libre, la gente llora y los animales aúllan. No se ve bien. El punto es que mi corazón está alineado con el corazón de Dios por medio de un acto de adoración deliberado y estratégico.

Así que hago una cita para encontrarme con Dios, luego, de manera deliberada acallo mi corazón y, entonces, adoro al Señor. Después de eso viene un maravilloso diálogo Creador-criatura, lo llamamos orando y leyendo.

3. Ore y lea

Marcos 1:35 marca el patrón: "Levantándose muy de mañana, cuando todavía estaba oscuro, [Jesús] salió, y se fue a un lugar solitario, y allí oraba". El Salmo 119:147 dice: "Me anticipo al alba y clamo; en tus palabras espero".

Cuando oramos de esta manera, ¿para qué oramos? Oramos por lo que haya en nuestro corazón. No necesitamos orar por el presidente todos los días, a menos que el presidente esté en nuestro corazón. No necesitamos orar por nuestra iglesia ese día, a menos que nuestra iglesia esté en nuestro corazón. Solo háblele a Dios, y luego lea la Biblia. ¿Dónde? La mejor respuesta está adentro. Segunda Timoteo 3:16–17 nos recuerda: "Toda Escritura es inspirada por Dios y útil para enseñar, para reprender, para corregir, para instruir en justicia, a fin de que el hombre de Dios sea perfecto, equipado para toda buena obra".

Mire nuevamente la primera palabra de ese versículo: *Toda*. La gente me pregunta qué significa *toda*, y yo aclaro mi garganta y digo: "Bueno, en el griego original, *toda* significa...eh...*toda*". Eso significa que todo en la Biblia es útil. *Cada cosa*. Lea los evangelios. Lea el libro de Hechos. Lea Rut u Oseas o 2 Pedro o los Salmos. Empiece en Génesis. Empiece en Mateo. Empiece en Judas. Lea un capítulo de Proverbios cada día durante un mes. No importa en qué parte de la Biblia lee. Todo es útil.

Así que hago una cita y luego me quedo quieto y adoro al Señor. Después, leo y oro. Seguidamente, escucho y escribo.

4. Escuche y escriba

Escuchar a Dios es una de las cosas que más nos cuesta hacer. Pero si aprendemos a escuchar, entonces aprenderemos a escuchar la voz de Dios. Yo digo escuche y escriba porque una de las mejores maneras que he aprendido para escuchar la voz de Dios es escribir los pensamientos y oraciones cuando me encuentro con Él. El acto de escribir ayuda a que mi mente se mantenga enfocada y, además, me ayuda a discernir qué versículos aplican específicamente a mi situación. Escriba lo que usted cree que de la Escritura son las respuestas de Dios a sus oraciones. La disciplina de escribir también ayuda cuando vuelve a leer y ve la manera en que Dios ha dirigido su vida a lo largo del tiempo.

Vea este versículo que viene de la versión Nueva Traducción Viviente: "Hermosas palabras conmueven mi corazón; por eso recitaré un bello poema acerca del rey, pues mi lengua es como la pluma de un hábil poeta" (Salmo 45:1). El salmista habla acerca del tiempo que él pasa con Dios. Esto es lo que él dice: "Cuando me reúno con Dios, mi corazón parece rebosar, y lo mejor que puedo hacer es simplemente escribirlo en un poema".

En 1 Crónicas 28:19, David se está refiriendo a la intrincada atención al detalle que se requiere para construir el templo de Dios. "Todo esto", dijo David, "me fue trazado por mano del Señor, haciéndome entender todos los detalles del diseño". Esto es lo que David estaba diciendo: "Siempre que me encuentro con Dios, Él me habla acerca de cosas que se refieren a Su templo. Yo las escribo, y mientras lo hago, entiendo lo que Dios estaba diciendo".

El profeta Habacuc describe el acto de escribir una palabra del Señor: "Entonces el Señor me respondió, y dijo: 'Escribe la visión y grábala en tablas, para que corra el que la lea'" (Habacuc 2:2).

Entonces: haga una cita. Esté quieto. Adore al Señor. Lea y ore. Escuche y escriba. Usted no estará escribiendo palabras inspiradas, al igual que lo hacían los escritores de la Biblia, sino que estará escribiendo su aplicación personal de la Escritura inspirada, siguiendo el patrón de acción puesto por los escritores de la Biblia.

CÓMO ATRAPAR UN MONTÓN DE PECES

Mencioné que mi hijo, James, siempre ha sido un ávido pescador, siempre desde que era un niño. Él está en sus treintas ahora y ocupado con responsabilidades de trabajo y con su vida familiar. Sin embargo, cuando era niño, siempre estaba viendo programas de televisión sobre la pesca, siempre leía libros acerca de técnicas de pesca y siempre iba a pescar cada vez que podía.

Una vez, fuimos a Colorado en unas vacaciones familiares. Cerca había una laguna de truchas. James tenía unos once o doce años y quería intensamente pescar en esa laguna. Primero, fue a la laguna, caminó alrededor de ella y estudió el área, y luego fue a la tienda de la localidad y escogió la carnada que quería. Pero cuando llevó la carnada al mostrador para pagar por ella, el encargado le dijo: "Hijo, lo siento, pero esa carnada no va a pescar nada en esta área. A las truchas no les gusta ese tipo de carnada". Vi a mi hijo y él me hizo un pequeño gesto, como si él sabía lo que estaba haciendo y quería esa carnada de todas maneras. Así que lo dejé hacer lo que él consideraba mejor. Él era experto en la pesca, yo no. Él compró la carnada.

James regresó a la laguna. Un lado de la laguna ya estaba lleno de pescadores, pero James caminó hacia el otro lado de la laguna, donde no había pescadores. Puso la carnada en su anzuelo, tiró la línea en el agua y empezó a sacar un pez tras otro.

Después de media hora, y luego una hora, algo gracioso empezó a suceder. Uno por uno, de todos esos hombres adultos del otro lado de la laguna, empezaron a hacerle preguntas a James sobre lo que estaba usando. Lentamente, poco a poco fueron alrededor de la laguna para pescar más cerca de donde él estaba. Muy pronto, todos se había ido para su lado.

¿Cuál es el punto? *En general*, James sabía muy bien cómo pescar. Él siempre estudiaba la pesca, incluso cuando no estaba tratando específicamente de atrapar un pez. Entonces, cuando él quería *específicamente* atrapar un pez, él sabía con exactitud lo que estaba haciendo y podía pescar muchos.

Escuchar la voz de Dios es así. Necesitamos pasar tiempo en la presencia de Dios a diario para escuchar la voz general de Dios. Cuando aprendemos a discernir la voluntad general de Dios con regularidad, estamos listos para escuchar la palabra específica de Dios. Dios llega a una atmósfera preparada. Cuando hagamos y respetemos las citas para reunirnos con Dios, aprenderemos a escuchar Su voz.

¿Valora usted la voz de Dios? ¿La valora tanto que con regularidad toma un momento para escucharlo? Para nosotros es importante programar reuniones regulares para estar con Dios a fin de aprender de Su Palabra y escuchar Su voz. Podríamos tener dificultad para escuchar y reconocer la palabra específica del Señor para nuestra vida si no aprendemos a buscar y valorar la palabra general del Señor a través de citas regulares con Él.

Para desarrollar un tiempo regular con el Señor, programe una cita, esté quieto y adórelo, ore y lea la Biblia. Escriba sus oraciones. Esté atento a su respuesta.

Jeremías 29:13 nos extiende una promesa maravillosa. Dios habla y dice: "Me buscaréis y me encontraréis, cuando me busquéis de todo corazón".

CAPÍTULO SEIS

PIDA CONFIRMACIÓN

Si he hallado gracia ante tus ojos, muéstrame una
señal de que eres tú el que hablas conmigo.
—Jueces 6:17

Estando en un viaje misionero en Europa del este, sentí que el Señor nos guiaba a ministrar en el país que, en ese entonces, era conocido como Yugoslavia. Fue durante la guerra por su independencia, hace ya más de veinte años, y nos informaron que no era seguro viajar a ese país. Sin embargo, de todas maneras, sentíamos que el Espíritu Santo nos dirigía para ir allá y ministrar a los cristianos y las iglesias allí.

No podíamos ir por avión, solamente por tierra. No pudimos obtener visas, lo que significaba que no teníamos ningún documento oficial para pasar con seguridad, y estábamos muy seguros que los oficiales no nos dejarían entrar. Pero estuvimos orando y decidimos intentarlo de todas maneras.

Llegamos a la frontera en un carro, y el guardia nos detuvo. Uno de los hombres que nos llevaron, un ciudadano yugoslavo, tenía una relación con la Cruz Roja. Él presentó su gafete de la Cruz Roja y el guardia la revisó, y nos dio señal de paso. ¿Quién sabía que la Cruz Roja podía ser tan poderosa? Sentimos que nuestra entrada fácil era del Señor.

A unos tres kilómetros de la frontera había un punto de registro fuertemente protegido que también teníamos que pasar. Allí, el guardia nos detuvo y le vociferó un montón de órdenes a nuestro conductor en eslavo. Yo no sabía lo que él decía, pero entendí lo suficiente como para saber que él quería nuestros documentos. Este cruce no iba a ser fácil. Yo no tenía papeles.

En el carro, iban otros dos ciudadanos yugoslavos con nosotros, y ambos sacaron sus documentos de inmediato. El guardia fue con el primer hombre y revisó sus papeles, luego fue al otro lado, hacia el otro hombre y revisó los de él. Yo era el siguiente. Podía sentir mi corazón latiendo fuertemente en mi pecho, todo esto mientras seguía orando las palabras de Zacarías 4:6: *Oh, Señor Jesús, "No por el poder ni por la fuerza, sino por mi Espíritu' —dice el Señor de los ejércitos".*

Unos segundos antes de que el guardia llegara a mí, una joven bonita pasó en bicicleta, se detuvo, y empezó a hablar con otro guardia solo un poco delante de nosotros. Se lo digo, Dios tiene sentido del humor, aun en nuestros momentos más desesperados. El guardia que estaba revisándonos, echó un vistazo a la joven bonita, miró de nuevo, y como que murmulló algo rápidamente, distraído, como si quisiera que nos apuráramos para que él pudiera ir a hablar con la chica. Él continuaba viendo a la chica a la distancia cuando llegó conmigo y dijo: "papeles".

No me moví.

Tampoco el guardia. Pero el conductor de nuestro carro dijo rápidamente un montón de palabras en eslavo y luego dijo: "Dallas", una palabra en inglés. Me pareció extraño. Pensé que estaba diciendo que yo era de Dallas, pero pudo haber dicho que era de los Estados Unidos, o América, o hasta Texas. Pero él usó distintivamente el nombre de la ciudad: Dallas.

El guarda, todavía distraído por la linda chica, me vio brevemente y dijo en inglés: "Oh, Dallas Cowboys. Número uno".

Y yo dije: "¡Sí! ¡Dallas Cowboys!". "¿Le gustan los Dallas Cowboys?".

Esta vez el guardia me vio más de cerca y rió abiertamente. Sin pedir ver mis papeles, movió su cabeza y dijo: "Adelante". Solo así, y nosotros nos fuimos. ¡Alabado sea el Señor por el fútbol americano!

Usted pensaría que cuando Dios hace un trabajo tan público a nuestro favor, nunca más tendríamos dificultad para confiar en Él. Esta obra de Dios en particular resultó ser incluso más sorprendente de lo que yo entendí al principio. Un poco después, en el carro, los hombres y yo estábamos discutiendo de los pros y contras de lo que significaba cruzar las fronteras sin visas, algo raro, pero permisible. Sin embargo, resulto ser bastante más complicado que eso. Uno de los hombres explicó que habíamos cruzado la frontera sin registrarme a mí, y que lo que habíamos hecho era en realidad ilegal.

El año anterior, ellos habían intentado hacer lo mismo con otro pastor. Las autoridades los atraparon y terminaron yendo a prisión en Yugoslavia por seis meses. Yo tragué saliva.

Dios había obrado sorprendentemente más allá de lo que podíamos pedir o imaginar y hasta lo que yo podía entender, y mi corazón lo alabó. Pero ¿Por qué fui librado y no ese pastor de hace un año? ¿Por qué liberación para uno y no para el otro? No lo sabemos, pero confiamos en que Dios es soberano.

Era viernes en la noche, y finalmente llegamos a nuestro destino. Estábamos ubicados a unos treinta minutos del área de combate; pero, en realidad, podíamos escuchar disparos y explosiones en la cercanía. Me estaba hospedando en la casa de un pastor yugoslavo, y para dormir, él me ofreció lo mejor que tenía: un catre en su sala. Él se fue a dormir a otra parte, y me quedé solo en el salón, y empecé a estudiar la situación en que me encontraba y lo que estaba haciendo. Ya había estado fuera de los Estados Unidos por dos semanas. El viaje debía durar una semana más, y me sentí muy lejos de casa. Pude llamar a Debbie por teléfono, y me reanimó escuchar su voz, pero ella también estaba pasando un tiempo difícil. Uno de nuestros hijos estaba enfermo. Debbie no sabía qué estaba mal e intentó llevarlo al doctor. Estaba preocupada, y cuando colgué el teléfono, yo también me sentí preocupado. Traté de dormir, pero no pude. Sabía que los próximos dos días estaban llenos de reuniones en iglesias y seguí creyendo que las autoridades me atraparían y me lanzarían a la cárcel por seis meses. Me sentí exhausto, abrumado y asustado.

No sabía qué hacer, así que me levanté, salí y empecé a orar. Derramé mi corazón ante Dios:

> Señor Jesús, necesito escuchar Tu voz. Si verdaderamente me quieres en este viaje, por favor házmelo saber otra vez. Tienes que hablarme porque no puedo manejar esto. ¿Realmente querías que viniéramos a Yugoslavia? Por favor, confírmame que sí querías.

Aún estaba orando cuando abrí mis ojos y vi el cielo nocturno. Era una noche clara, una noche nítida, y vi la Osa Mayor y la Estrella Polar, las mismas estrellas en Yugoslavia que podía ver en mi patio trasero. Los versículos empezaron a llegar a mi mente. "Por la palabra del Señor fueron creados los cielos, y por el soplo de su boca, las estrellas" (Salmo 33:6, NVI). "Si me elevara sobre las alas del alba, o me estableciera en los extremos del mar, aun allí tu mano me guiaría, ¡me sostendría tu mano derecha!" (Salmo 139:9, NVI). Y Dios habló a mi corazón diciendo: *Robert, yo sostengo estas estrellas en su lugar. Yo estoy sosteniendo a tu familia en su lugar, y yo te sostengo a ti en tu lugar.*

La paz de Dios vino sobre mí, consolando, reafirmando. Volví a entrar a la casa, me acosté en ese catre en la sala e, inmediatamente, me quedé bien dormido.

Más de veinte años después, vi al mismo pastor que nos había hospedado en ese viaje. Él dijo que nuestro ministerio había ayudado a cambiar la atmósfera de todas las iglesias en esa región, y que la influencia se había difundido entre los creyentes a lo largo del país. La gloria no es nuestra. Toda la gloria le corresponde a Dios. Él llamó. Nosotros obedecimos Su voz.

Al principio de este libro mencioné que la pregunta número uno que como pastor me hacen es: "¿Cómo puedo escuchar la voz de Dios?". Bien, también me hacen una pregunta adicional acerca de la pregunta número uno, y es esta: "¿Cómo sé si es realmente Dios?". En otras palabras, ¿cómo sé si Dios está hablando verdaderamente y yo no estoy inventando algo en mi mente? ¿Está bien pedirle a Dios que confirme Su palabra?

La respuesta simple para eso es sí, tal como yo lo hice cuando vi hacia arriba en la noche del cielo yugoslavo y le pedí a Dios que me confirmara lo que nos había dicho acerca del viaje la primera vez. Está bien hacerlo, pues Dios siempre confirma Su palabra. Déjeme repetir eso:

Dios *siempre* confirma Su palabra.

Está bien buscar confirmación

¿Le parece eso como una afirmación muy atrevida, que Dios siempre confirma Su palabra? ¿Cómo estamos seguros? Veamos algunas escrituras que muestran cuánto valora la confirmación el Espíritu Santo:

+ Marcos 16:20: "Y ellos salieron y predicaron por todas partes, colaborando el Señor con ellos, y confirmando la palabra por medio de las señales que la seguían".
Aquí, la enseñanza es clara: Dios confirmó las obras de Jesús y los discípulos por medio de milagros.

+ Mateo 18:16: "Pero si no te escucha, lleva contigo a uno o a dos más, para que toda palabra sea confirmada por boca de dos o tres testigos".
Jesús dio esta enseñanza en el contexto de lidiar con un hermano que peca en su contra. Usted debe ir con su hermano, a solas, y decirle lo que hizo mal. Si él le escucha, usted habrá ayudado a restaurar la armonía. Pero si se rehúsa a escuchar, debe llevar a una o dos personas con usted. Entonces, más de una persona podrá confirmar la historia y contar todo lo que sucedió. El punto aquí es que Dios comprende y respalda el poder de la confirmación.

+ 2 Corintios 13:1: "Esta es la tercera vez que voy a vosotros. 'Por el testimonio de dos o tres testigos se juzgarán todos los asuntos'".
Pablo se está refiriendo en realidad a la epístola que acababa de escribir. Nuevamente, el punto aquí es que el Espíritu Santo valora la confirmación.

La historia del vellón de Gedeón en Jueces 6, es, quizá, la historia bíblica mejor conocida relacionada a la confirmación. Hemos tocado brevemente esta escritura antes, pero démosle una mirada más profunda. Lo divertido es que cuando hablamos de Gedeón, todos parecen conocer la parte más famosa de la historia: el vellón. Hay gente que ni siquiera conoce la Biblia y habla del vellón de Gedeón. Pero, ¿sabía usted que hubo varias otras veces que Gedeón le pidió a Dios que confirmara Su palabra? Estas incidencias sucedieron adicionalmente al vellón.

Cuando empieza la historia, los israelitas estaban siendo oprimidos por causa de los medianitas, y clamaron al Señor para que los librara. El Señor escuchó sus oraciones y se le apareció a un hombre llamado Gedeón mientras él trillaba trigo en un lagar. En aquellos días, un lagar era una especie de hoyo de piedra en la tierra. ¿Puede imaginarse el proceso de sacudir trigo a mano? Usted lanza el trigo al aire y tiene la esperanza de que el viento lo descascare, dejando solo los granos. Sacudir trigo es una actividad pesada, polvorienta y sucia; especialmente en lo cerrado de un lagar. Entonces, ¿por qué razón Gedeón estaría sacudiendo el trigo allí dentro? El texto nos dice: "para esconderlo de los madianitas" (Jueces 6:11).

Dios le habló a Gedeón y le dijo que quería que él liberara a los israelitas de la mano de los madianitas. Pero Gedeón estaba indeciso. Aunque el Señor lo saludó llamándolo un "valiente guerrero" (versículo 12), el clan de Gedeón era el más débil de su tribu, y Gedeón era el menor en la casa de su padre. El Señor repitió la instrucción, añadiendo: "Pero el Señor le dijo: Ciertamente yo estaré contigo, y derrotarás a Madián como a un solo hombre" (versículo 16).

Hasta con toda esa claridad, incluso con la promesa de la presencia de Dios, Gedeón todavía pidió confirmación. Gedeón aún tenía sus dudas y temores.

> Y Gedeón le dijo [a Dios]: "Si he hallado gracia ante tus ojos, muéstrame una señal de que eres tú el que hablas conmigo. Te ruego que no te vayas de aquí hasta que yo vuelva a ti, y traiga mi ofrenda y la ponga delante de ti".
>
> Y él [Dios] respondió: "Me quedaré hasta que vuelvas".

Y Gedeón entró y preparó un cabrito y pan sin levadura de un efa de harina; puso la carne en una cesta y el caldo en un caldero, y se los llevó a él debajo de la encina y se los presentó (versículos 17 al 19).

Lo que me parece sorprendente es que Gedeón quería una señal, pero le pidió a Dios que esperara a dar esa señal hasta que él le cocinara una cena primero. Cocinar una cena no era una tarea pequeña en aquellos días. Gedeón no tenía microondas ni refrigerador, ni siquiera un autoservicio. Gedeón primero tenía que ir a donde estaba su ganado y preparar al cabrito para cocinarlo. Necesitaba encender el fuego. Y tenía que apurarse y hacer la masa para poder hacer un pan. Era un proceso que requería varias horas. ¿Qué locura es esa? Se le pidió al Creador del universo que esperara mientras un humano trataba de descubrir si era realmente Dios quien le hablaba.

Esto es lo grandioso de esta parte de la historia para nosotros: Dios espera.

Dios esperó a Gedeón. Y Dios también nos esperará a nosotros. Dios no condenó a Gedeón por querer una confirmación, más bien, lo contrario. Dios estaba de acuerdo con eso en aquel entonces, y ahora Él está de acuerdo con ello. Dios esperará para que nosotros descubramos que Él es verdaderamente quien nos habla. Esa es una gran verdad. Se nos ha dicho muchas veces en la Escritura que esperemos en el Señor (Salmo 27:14; Isaías 40:31), pero ¿sabía usted que Dios también espera por nosotros?

Entonces, Gedeón esperaba una señal. Cuando la comida acabó de cocinarse, esto es lo que sucedió cuando Gedeón presentó su ofrenda ante el Señor:

Y el ángel de Dios le dijo: "Toma la carne y el pan sin levadura, ponlos sobre esta peña y derrama el caldo". Y así lo hizo.

Entonces el ángel del Señor extendió la punta de la vara que estaba en su mano y tocó la carne y el pan sin levadura;

y subió fuego de la roca que consumió la carne y el pan sin levadura. Y el ángel del Señor desapareció de su vista. Al ver Gedeón que era el ángel del Señor, dijo: ¡Ay de mí, Señor Dios! Porque ahora he visto al ángel del Señor cara a cara. Y el Señor le dijo: La paz sea contigo, no temas; no morirás. Y Gedeón edificó allí un altar al Señor y lo llamó El Señor es Paz, el cual permanece en Ofra de los abiezeritas hasta hoy (Jueces 6:20–24).

Esa fue la primera confirmación de Gedeón. Él preparó una comida y la presentó ante el Ángel del Señor. El Ángel del Señor la tocó con la punta de la vara y el fuego consumió la comida. Lo que también es interesante acerca de este pasaje de la Escritura es que incluso después de que el Ángel del Señor se fue de la presencia de Gedeón, Dios todavía le habló a Gedeón. Me pregunto cómo le habló Dios a Gedeón esta segunda vez. No fue cara a cara, como lo acababa de hacer. ¿Sería al espíritu de Gedeón que Él le habló? El texto no nos lo dice con certeza, pero quiero que piense en esto como una confirmación posterior. Gedeón sintió paz en su espíritu cuando la Voz del Señor habló a su corazón.

Un poco después de eso fue cuando el vellón apareció en escena.

Entonces Gedeón dijo a Dios: Si has de librar a Israel por mi mano, como has dicho, he aquí, yo pondré un vellón de lana en la era. Si hay rocío solamente en el vellón y toda la tierra queda seca, entonces sabré que librarás a Israel por mi mano, como has dicho. Y así sucedió. Cuando se levantó temprano en la mañana, exprimió el vellón y escurrió el rocío del vellón, un tazón lleno de agua. Y Gedeón dijo a Dios: No se encienda tu ira contra mí si hablo otra vez; te ruego que me permitas hacer otra vez una prueba con el vellón; que ahora quede seco el vellón y haya rocío en toda la tierra. Así lo hizo Dios aquella noche, porque solamente quedó seco el vellón y había rocío en toda la tierra (versículos 36 al 40).

¿No fue sorprendente? Usted pensaría que Gedeón había aprendido su lección con la primera confirmación: la roca ardiente. Sin embargo, él pidió otra confirmación. Usted pensaría que él aprendió su lección con la segunda confirmación: el vellón mojado en la tierra seca. Pero no, Gedeón pidió una tercera confirmación: el vellón seco en la tierra mojada. Esto me dice que Dios no tiene inconveniente cuando le pedimos confirmación.

Aun así, quizá necesitemos tener cuidado cuando pidamos demasiadas confirmaciones. Dios honró la solicitud de Gedeón, y eso nos dice que Dios está de acuerdo con la confirmación, pero usted se pregunta si, quizá, Dios habría estado más complacido si Gedeón simplemente hubiera puesto manos a la obra en la primera orden de avanzada de Dios. Quizá Dios suspiró y le otorgó las confirmaciones porque este hombre no le creería de otra manera. Realmente no sabemos porque la Escritura no menciona este asunto. Pero tenemos otras escrituras que nos advierten que no debemos probar a Dios (Deuteronomio 6:16, NVI; Mateo 4:7, NVI), así que yo diría que se nos permite pedir confirmación, pero siempre debemos respetar el poder y la amabilidad de Dios en el proceso.

Me encanta el resto de la historia en Jueces 7. Dios le dijo a Gedeón que reuniera a los hombres de Israel, treinta y dos mil de ellos, para que vinieran y pelearan con los medianitas. Sin embargo, una vez que la gran multitud de soldados se había reunido, Dios le dijo a Gedeón que había demasiados hombres allí, y que él debería enviar algunos a casa. La batalla sería muy fácil con tantos. Dios quería que todo Israel supiera, sin lugar a dudas, que no era por fuerza o poder, era por el Espíritu de Dios que habían sido salvados. Así que veintidós mil soldados se fueron.

Ahora solo quedaban diez mil soldados. Pero el ejército todavía era muy grande. Entonces, Dios le dijo a Gedeón que se ideara una pequeña prueba. Dios le dijo a Gedeón que hiciera que los soldados fueran al río y tomaran agua. Los hombres que se dejaron caer de cara al agua fueron enviados a casa. Pero los hombres que permanecieron alerta y vigilantes, los que se agacharon en una rodilla y agarraron agua con la mano y la lamieron como los perros, siempre alerta por los soldados enemigos, estos eran lo mejor de lo mejor. Entonces, nueve mil setecientos soldados fueron enviados a casa, y solamente trescientos soldados quedaron.

Dios dijo: *Bien, Gedeón, este es el tamaño de ejército que quiero.* "Os salvaré con los trescientos hombres que lamieron el agua y entregaré a los madianitas en tus manos" (versículo 7).

Pero incluso entonces, Gedeón debe haber tenido sus dudas porque Dios le dio una confirmación más, aunque Gedeón no la pidió específicamente. Dios le dijo a Gedeón y a su criado Fura que fueran al campamento de Madián en la noche y que solo escuchara. Los ejércitos de los medianitas y amalecitas estaban tendidos en el valle "tan numerosos como langostas como la arena que está a la orilla del mar" (versículo 12), pero el Señor llevó a Gedeón para escuchar a un soldado enemigo en particular que acababa de tener un sueño. El soldado se lo contó a su compañero. En su sueño un pan iba rodando al campamento de Madián, golpeó la tienda del hombre y la tienda colapsó. El compañero resolló y dijo: "Esto no es otra cosa que la espada de Gedeón, hijo de Joás, varón de Israel; Dios ha entregado en su mano a Madián y a todo el campamento" (versículo 14).

¿Qué le parece eso como confirmación? Gedeón supo el resultado de la batalla antes de que empezara. Y también me encanta su respuesta: "Cuando Gedeón oyó el relato del sueño y su interpretación, se inclinó y adoró" (versículo 15). Que cuando Dios confirme Su palabra para nosotros, también nosotros le adoremos.

TRES PREGUNTAS PARA CONFIRMAR

Regresando a nuestra pregunta original: ¿Cómo sabemos si Dios está hablando verdaderamente? Estas son tres preguntas que podemos hacer para confirmar si hemos escuchado una palabra de Dios.[1]

1. ¿Se alinea con la Biblia?

¿Está la Biblia de acuerdo con lo que escuchó que Dios le decía que hiciera? La voz de Dios nunca está en desacuerdo con la Palabra de Dios. Si algo que se percibe como guía contradice la Palabra revelada de Dios en la Escritura, entonces no viene del Señor. Un amigo mío es parte de un grupo de varones en otra iglesia. Un hombre en ese grupo les dijo a los demás que Dios lo había llevado a tener un amorío. La lógica falsa que usó fue esta: Dios es amor. Dios quiere que seamos felices. El hombre no era feliz en su relación con su esposa. Pero sí era feliz cuando estaba con esta otra mujer. Por lo tanto, Dios le dijo que tuviera un amorío.

¿Qué le diría usted a este hombre?

¿Qué tal Malaquías 2:16, "Porque yo [Dios] detesto el divorcio"? Dios no odia a la gente divorciada, pero sí odia la agonía y el rompimiento de relaciones que siguen al divorcio.

¿Qué tal Efesios 5:25, "Maridos, amad a vuestras mujeres, así como Cristo amó a la iglesia y se dio a sí mismo por ella"?

Muchas personas tratan de encontrar escrituras que respalden lo que ellos creen (o esperan) que Dios está diciendo. Sin embargo, la interacción entre Jesús y los fariseos, registrada en Mateo 19:3–8 es un ejemplo de la manera en que esto puede ser peligroso. Un grupo de fariseos se acercaron a Jesús y le preguntaron si era permitido que un hombre se divorciara de su esposa por cualquier motivo. Jesús les respondió citando Génesis 2:24: "¿No habéis leído que... 'el hombre dejará a su padre y a su madre y se unirá a su mujer, y los dos serán una sola carne'? Por tanto, lo que Dios ha unido, ningún hombre lo separe" (Mateo 19:4–6).

Jesús les explicó que Moisés permitió que se dieran los certificados de divorcio debido a la dureza del corazón de la humanidad (versículos 7–8). Pero el divorcio no está de acuerdo con el plan original de Dios. Moisés sabía que un hombre podía tomar una esposa, por ejemplo, pero abusar física y sexualmente de ella y tratarla como una esclava, y no como la reina del hogar que fue diseñada a ser. Entonces, Moisés esencialmente dijo: "Miren. Si un esposo va a pecar de esa manera, entonces es mejor que la esposa sea libre y esté a salvo. Denle a ella un certificado de divorcio".

2. ¿El consejo de personas consagradas está de acuerdo?

Si cree que Dios le ha hablado, entonces sométalo al consejo en oración. ¿Qué dicen otros creyentes sobre el asunto? ¿El Señor les dice lo mismo a ellos?

Proverbios 12:15 dice: "El camino del necio es recto a sus propios ojos, mas el que escucha consejos es sabio".

Proverbios 24:6 dice: "Porque con dirección sabia harás la guerra, y en la abundancia de consejeros está la victoria".

Buscar consejo de personas consagradas y en oración es sabio de hacer. Pero también les ofrezco un par de advertencias con este punto.

A veces, una persona contará el asunto para recibir consejo, y gente de diferentes grupos dará consejo contradictorio. Cuando eso sucede, esa es una pista de que la persona no está recibiendo consejo divino porque Dios nunca se contradice a Sí mismo. Podría ser un buen consejo, pero no es consejo divino.

Otras veces, una persona ya tendrá en mente lo que quiere hacer, así que irá con un mentor de su confianza y buscará consejo, pero el consejo que ese mentor da, no es lo que la persona quiere escuchar. Entonces, la persona diría: "Muchas gracias", e iría con otra persona, y otra más, y así sucesivamente hasta que finalmente escuche lo que quiere escuchar. Entonces asegurará que ha escuchado al Señor. Repito, eso es consejo; pero no consejo divino.

Cuando usted busca consejo divino, no significa que usted ya haya tomado una decisión. Significa que ha escuchado a Dios y que ahora se lo está entregando al Señor con las manos abiertas. Les está pidiendo a los cristianos de confianza que lo rodean que oren sinceramente acerca del asunto junto con usted y que le den retroalimentación sabia y bíblica. Quizá usted tenga los ojos tapados y no lo sabe. Quizá sus consejeros consagrados puedan discernir un asunto más hábilmente como terceros objetivos.

Y cuando buque consejo divino, necesita escuchar a Dios primero. No les está pidiendo a otras personas que escuchen a Dios por usted. Eso es lo que mucha gente hace cuando pide consejo, pero el Señor quiere tener una relación personal con usted. A usted le corresponde primero esforzarse para edificar una relación con Jesús. Usted lee su Biblia. Ora. Está atento al Señor. Ayuna. Pasa tiempo a solas con Dios. Entonces, después de que escucha la voz de Dios, es el momento para buscar consejo de personas consagradas.

3. ¿Reina la paz en su corazón?

La pregunta que debe hacerse es: "¿Tengo paz?". Siempre se requiere fe para seguir a Dios, pero el temor no tiene cabida en la experiencia de seguir a Dios. El temor viene del enemigo. La fe viene del Señor. Gedeón necesitó fe para seguir a Dios como lo hizo. Si Dios guía, entonces, Él dará paz. El camino hacia adelante podría no estar completamente revelado; de hecho, probablemente no esté completamente revelado. Pero usted tendrá paz. Esa es una de las mayores confirmaciones de la voz de Dios.

Colosenses 3:15 es un versículo fundamental: "Y que la paz de Cristo reine en vuestros corazones, a la cual en verdad fuisteis llamados en un solo cuerpo; y sed agradecidos".

La palabra *reine* utilizada aquí (*brabeuo*, en griego) significa mucho más que simplemente dejar que la paz esté presente en su corazón. Este versículo no es sencillamente un llamado a estar tranquilos. La palabra *reine* en griego significa "ser un imperio". Significa "gobernar" o "arbitrar, juzgar, decidir o controlar".[2] La paz de Dios debería incluirse como uno de los componentes principales en la toma de decisiones.

Filipenses 4:7, dice: "Y la paz de Dios, que sobrepasa todo entendimiento, guardará vuestros corazones y vuestras mentes en Cristo Jesús". En cada decisión guiada por Dios que usted tome, ¿sabe qué es lo que lo protege? La paz de Dios en su corazón y su mente. Esta paz va más allá de nuestro propio entendimiento. El camino por delante podría parecer difícil, peligroso o hasta imposible. Aun así, la paz de Dios todavía guarda nuestro corazón y nuestra mente.

Si tiene una sensación de intranquilidad en su corazón y en su mente acerca de un asunto, entonces Dios probablemente no quiere que usted vaya por ese camino. Pero si la paz de Dios es evidente en un asunto, entonces esa es una de las formas principales que nos indican si hemos escuchado la voz de Dios.

LA PAZ QUE PROVIENE DE LA VOZ DEL SEÑOR

Una pareja se me acercó después del servicio en la iglesia y me pidió que orara por una situación de vivienda para su familia en crecimiento. Ellos estaban vendiendo su casa y comprando otra simultáneamente, lo que puede ser algo muy estresante. La casa ya estaba vendida, y ellos acababan de hacer una oferta sobre la próxima casa. Estaban emocionados por la casa y estaban pidiendo oración para que la negociación se llevara a cabo. Esta era una pareja consagrada, y ellos no se estaban simplemente queriendo algo más lujoso o tratando de comprar una casa más grande. Sus necesidades como familia estaban cambiando, y yo sabía que su nueva casa sería un lugar de hospitalidad, oración y ministerio, tal como lo había sido su antigua casa.

Oré por ellos, pero no estoy muy seguro de por qué me vinieron estos pensamientos, pero yo oré que, si ellos iban a tener esta casa en particular, entonces que todo saliera fácilmente. Pero, además, oré que, si el Señor no quería que ellos tuvieran esta casa específicamente, entonces que perdieran la paz respecto a la situación y se salieran de la negociación. Al mismo tiempo, si el Señor no quería que tuvieran esta casa en especial, oré que él los guiara a la casa exacta donde Él quería que estuvieran, y que Él les diera paz en esa situación.

Unos meses después, ellos volvieron a contactarme y me contaron el resto de la historia. Describieron cómo habían estado muy emocionados inicialmente por la casa para la que habían presentado una oferta. Estaban seguros que esa casa era la casa de sus sueños.

Sin embargo, después de que oré por ellos, algo extraño sucedió. Perdieron la paz respecto a la transacción. Justo después de eso, recibieron la noticia de que la casa tenía tres problemas de gran escala en la estructura. Arreglar esos problemas les habría costado a ellos una fortuna, mucho más de lo que tenían la capacidad de pagar. Pudieron salirse del contrato cuidadosa y legalmente. Entonces, tan pronto como se salieron de la negociación, otra casa salió al mercado. Ellos tuvieron una profunda paz con esta casa y terminaron comprándola. Resultó ser exactamente lo que ellos necesitaban.

La Biblia indica que no solo está bien pedirle confirmación a Dios, sino que, además, es sabio pedirle que confirme Su palabra. Podemos saber que es Dios hablándonos realmente cuando le pedimos que confirme Su palabra a través de la Biblia, el consejo de personas consagradas y la paz en nuestro corazón. Siempre se necesita fe para seguir a Dios, pero cuando damos un paso de fe basándonos en una palabra de Él que ha sido confirmada, andaremos en paz.

¿Hay algo de lo que usted cree que Dios le está hablando en este momento? En oración, pida claridad y confirmación. Agradézcale a Dios que Él está dispuesto a esperar mientras nosotros nos aseguramos de haberlo escuchado a Él. Agradézcale por Su deseo de hablarnos aún más de lo que nosotros queremos usualmente escucharlo.

CAPÍTULO SIETE

SEA UN MAYORDOMO DE LA VOZ DE DIOS

Que todo se haga para edificación.
—1 Corintios 14:26

Un amigo mío estaba programado para ser un predicador invitado en una iglesia. Él preparó en oración un mensaje largo, así como lo hacía siempre. Pero cuando llegó a la iglesia, terminó dando uno de los sermones más poderosos de su vida, ¡y solo le tomó dos minutos!

La iglesia era pequeña, y el liderazgo y la congregación había desarrollado la bien intencionada tradición de esperar en el Señor durante cada servicio para escuchar Su voz. Ahora bien, definitivamente esta puede ser una práctica beneficiosa y bíblica, particularmente para las iglesias donde el servicio está mínimamente estructurado. Primera Corintios 14:26 dice: "Cuando os reunís, cada cual aporte salmo, enseñanza, revelación, lenguas o interpretación. Que todo se haga para edificación".

Sin embargo, el problema en esta iglesia en particular parecía ser que la idea de esperar en el Señor se había convertido en una tradición de repetición solamente. Ellos cantaban un par de cantos de adoración y luego se quedaban callados mientras la congregación esperaba. Alguien tendría la brillante idea de que, si iban a salir de allí en por lo menos una hora, entonces alguien necesitaba escuchar al Señor rápidamente. Entonces, una persona pensando de esa manera se pondría de pie y hablaría, y de esta manera ellos tendrían una profecía. Luego, cantaban otro par de cantos y volvían a quedarse en silencio. Alguien más decidía que él o ella había escuchado la voz del Señor y hablaba. Y así, una y otra vez.

Como era de esperar, eso es lo que pasó este domingo en particular. Ellos cantaron un par de cantos. Se quedaron en silencio. Finalmente, un hombre se puso de pie y dijo: "Así dice el Señor", y pronunció unas pocas palabras. Luego, la congregación cantó unos cantos más. Volvió a quedarse en silencio. Una mujer se puso de pie y dijo: "Esto es lo que el Señor nos dice", y pronunció unas palabras. Esto sucedió varias veces.

Mi amigo estaba sentado en la banca de enfrente, orando y tomando notas mentales cuidadosamente. Cuando empezó a darse cuenta de lo que estaba sucediendo, su espíritu se turbó. Él se preguntaba si la congregación estaba valorando verdaderamente la voz de Dios o si solamente lo hacían emotivamente. Él recordó 1 Corintios 14:29: "Que dos o tres personas profeticen y que los demás evalúen lo que se dice" (NTV). De manera que decidió obedecer la palabra del Señor directamente, evaluar lo que se había dicho y ver si ellos realmente estaban escuchando al Señor en el servicio.

Cuando subió a predicar, abrió su Biblia y dijo: "Antes de compartir con ustedes, les tengo una pregunta". La congregación asintió y mi amigo continuó: "Esta mañana, en el servicio, hemos escuchado tres palabras del Señor. Me pregunto si alguien podría decirme cuál fue la primera palabra".

Silencio.

"Muy bien, entonces" dijo mi amigo, "¿Qué dijo Dios en la segunda profecía?".

Silencio nuevamente.

"¿Qué hay del tercer mensaje del Señor? ¿Puede alguien recordar lo que el Señor nos dijo?".

Mi amigo cerró su Biblia, respiró profundo, sopesando sus próximas palabras cuidadosamente. "Disculpen", dijo. "Si ustedes no le prestan atención a Dios, entonces, no me la prestarán a mí".

Dio la vuelta y salió.

VALORE LA VOZ DE DIOS

Este es el punto: tenemos que valorar la voz de Dios. Tenemos que prestar atención. Si creemos realmente que Dios nos está hablando, entonces debemos escuchar cuidadosamente las palabras que Él dice, recordarlas y luego llevarlas a cabo con humildad, fe y obediencia.

¿Está usted familiarizado con el concepto de mayordomía? Significa que administramos bien la propiedad o los recursos de alguien más. Como creyentes, nuestra vida no nos pertenece. Pertenecemos a Cristo (1 Corintios 3:23). Eso significa que nuestro tiempo, tesoro, talentos e incluso nuestro futuro no son nuestros. Entonces, es importante que vivamos como buenos mayordomos de lo que le pertenece a Dios. Primera Pedro 4:10 dice: "Cada uno ponga al servicio de los demás el don que ha recibido, como buenos administradores de la multiforme gracia de Dios" (RVA2015).

La mayordomía también se relaciona con escuchar la voz de Dios. Piénselo de esta manera. Dios bendice a los administradores fieles (Proverbios 28:20; Lucas 12:42–46). Si Dios nos da tiempo, tesoro y talentos, y somos fieles con ellos, entonces, Él nos dará más. Si no somos fieles, entonces Dios no nos dará más. Lo mismo pasa con la voz de Dios. Cuando Dios nos habla, si somos fieles con la palabra que Él nos da, entonces Él nos dará más palabras. Pero si no somos fieles con la palabra que Él nos da, entonces, ¿por qué nos daría más? Marcos 4:24 dice: "Cuidaos de lo que oís. Con la medida con que midáis, se os medirá, y aún más se os dará".

¿Captó la última parte de ese versículo? A ustedes, los que oyen, "más se os dará". Ese es el resultado de una buena administración. Debemos ser buenos mayordomos de lo que escuchamos del Señor.

¿Cómo podemos ser mayordomos fieles? Permítame darle tres maneras en las que debemos ser administradores cuidadosos de las palabras pronunciadas por Dios.

1. Somos mayordomos cuidadosos de la voz de Dios cuando verdaderamente le prestamos atención.

¿Alguna vez ha escuchado una canción pegajosa y la canta solo para descubrir después que la estaba cantando con palabras equivocadas? ¿Qué tal la primera línea de la canción famosa de Van Morrison "Brown Eyed Girl [*Chica de Ojos Café*]"? Durante años, un amigo pensó que decía "Ey, mi amigo".

Definitivamente tenemos un problema de oído en esta generación. Escuchamos demasiadas cosas: palabras y canciones de los comerciales de televisión, la radio, la internet, películas, música; y las escuchamos tan rápido que es difícil identificar lo que realmente es importante y escuchar verdaderamente. Sin embargo, cuando alguien importante habla, es importante escucharlo a Él. Dios les habla a las personas que buscan escucharlo a Él con un corazón humilde y a aquellos que fielmente llevan a cabo las palabras que Él dijo. Dios habla en al menos diez maneras en la Biblia. Es importante estar conscientes de esas maneras y luego, preguntarnos a nosotros mismos si estamos verdaderamente escuchándolo a Él. Permítame darle un resumen corto de las maneras en que Dios habla según se muestra en la Biblia. Para que podamos escuchar, es vital que veamos no solo lo que Dios dice, sino también la forma en que Él habla.

1. **Dios puede hablar a través de circunstancias.** Dios le habló a Jonás primero con Su voz, pero Jonás no hizo caso a la voz de Dios. Entonces, Dios le habló a través de circunstancias; primero, cuando fue tragado por el gran pez, y segundo cuando hizo crecer una viña para que le diera sombra, y luego, la viña se secó (Jonás 1–4). Necesitamos evaluar nuestras circunstancias y preguntar si estamos escuchando al Señor por medio de estas circunstancias. Hágase estas dos preguntas: ¿Qué está pasando en mi vida en este momento? ¿Qué es lo que el Señor me dice a través de estas circunstancias?

2. **Dios puede hablar a través del consejo sabio.** Esto se demuestra a lo largo de todo Proverbios.[1] Cuando buscamos el consejo de personas consagradas, podemos escuchar la voz de Dios. Este consejo siempre se complementa de la Escritura. Cuando buscamos mentores sabios, consagrados al Señor, no les pedimos que escuchen a Dios por nosotros, sino que confirmen en oración si lo que hemos escuchado del Señor es correcto.

3. **Dios puede hablar por medio de la paz.** En un capítulo anterior, mencioné Colosenses 3:15, que la paz de Dios reine en nuestro corazón. La palabra *reine* no significa existir simplemente. Significa gobernar o ser un factor decisivo. Si no tenemos paz acerca de una decisión, entonces no es del Señor. No siga adelante a menos que tenga paz.

4. **Dios puede hablar por medio de las personas.** Este patrón se muestra a lo largo de la Biblia.[2] Dios trae a personas consagradas y sabias a la vida de otros y habla a través de ellos.

5. **Dios puede hablar por medio de sueños y visiones.** Este patrón se muestra en la vida de José, Salomón, Jacob, Pedro, Juan y Pablo.[3] Este método está disponible también para nosotros hoy día (vea Hechos 2:17, donde Pedro cita Joel 2:28).

6. **Dios puede hablar a través de nuestro pensamiento.** Amós 4:13 dice que Dios nos da a conocer Sus caminos a través de nuestro pensamiento. En Mateo 1:19–21, mientras José pensaba en cosas, Dios le habló. Necesitamos ser cuidadosos con esto, porque no todo pensamiento en nuestra mente viene del Señor. Los pensamientos también pueden ser puestos allí por el diablo. Y nosotros también podemos pensar por cuenta propia. Así que cada vez que tengamos un pensamiento, debemos discernir si es de Dios. ¿Se alinea con la Escritura? ¿Contradice el carácter de Dios en alguna forma?

7. **Dios puede hablar por medio de manifestaciones naturales.** Romanos 1:18 expone claramente que Dios puede darse a conocer por medio de la naturaleza. La voz de Dios puede ser revelada a través de

montañas, agua, árboles, praderas, paisajes y más.
En Juan 12:27–30, Dios habló desde los cielos, pero
cuando Dios habló en este acontecimiento, algunas
personas que estaban cerca pensaron que estaban
oyendo un trueno.

8. **Dios puede hablar a través de manifestaciones sobrenaturales.** Dios le habló a Moisés a través de una zarza ardiente (Éxodo 3:1–4). Él le habló a Gedeón por medio de un vellón (Jueces 6:37–40). Él le habló a Saulo en el camino a Damasco a través de una luz brillante (Hechos 9:1–5). Incluso, Él le habló a Balaam por medio de un burro (Números 22:1–35).

9. **Dios puede hablar a través de la Biblia.** La Escritura siempre es la voz de Dios en el sentido general de que Dios inspiró las palabras de la Escritura (2 Timoteo 3:16). Dios también puede hablarnos específicamente a través de la Biblia cuando trae un pasaje concreto a nuestra atención porque la Palabra de Dios es viva y activa (Hebreos 4:12).

10. **Dios puede hablar a través de un susurro.** Discutimos en un capítulo anterior cómo Dios puede hablar con el susurro de una brisa apacible. Él le habló a Elías de esta manera (1 Reyes 19:12).

Repito, el punto aquí es que, si vamos a escuchar la voz de Dios, entonces necesitamos prestarle atención a Él. Observe la advertencia que se extiende en Jeremías 7:13: "Y ahora, ustedes han hecho todo eso, y aunque les he advertido continuamente, no me han querido prestar atención" (PDT). Esencialmente, Dios está diciéndoles a los israelitas que ellos cometieron cualquier cantidad de cosas malas, y Él les habló y habló repetidamente sobre eso, pero ellos no le prestaron atención.

Me encanta la promesa que se nos extiende en Romanos 10:17:

"Así que la fe viene del oír, y el oír, por la palabra de Cristo". Si alguna vez ha conocido a una persona de gran fe, entonces ha conocido a una persona de gran atención, que sabe cómo escuchar la Palabra de Dios.

Necesitamos escuchar verdaderamente a Dios. Una vez escuchemos de Él, entonces necesitamos proceder en fe. ¿Ha escuchado a Dios y verdaderamente le ha prestado atención a Su voz? Entonces, bien; ahora es el tiempo de avanzar confiadamente.

2. Somos administradores cuidadosos de la voz de Dios cuando respondemos con humildad

Si una persona escucha a Dios y luego responde con orgullo, o divulga la palabra con un espíritu altivo, entonces este no es un administrador cuidadoso del mensaje de Dios para nosotros. De manera similar, una persona puede escuchar la voz de Dios y, aun así, responder con oídos cerrados. O una persona puede escuchar una palabra de Dios e inicialmente responder de manera favorable, pero luego, las preocupaciones de la vida pueden ahogar la respuesta. Estos patrones tampoco son buena administración.

Lucas 8:4–15, la parábola del sembrador, provee un buen fundamento para comprender la receptividad a la palabra de Dios. El sembrador echa semilla en cuatro tipos de tierra. Parte de la semilla cayó al lado del camino y es pisoteada y devorada por los pájaros. Parte de la semilla cayó sobre suelo rocoso y brotó pronto, pero se secó por falta de humedad. Parte de la semilla cayó entre espinos; brotó, pero luego los espinos la ahogaron. Y finalmente, parte de la semilla cayó en buena tierra. Brotó y dio fruto al ciento por uno. ¿Qué tipo de tierra es usted? ¿Tiene espinas? ¿Es rocoso? ¿Está usted reseco y carente de nutrientes? ¿O es usted receptivo?

Lucas 8:18, nos extiende una advertencia: "Por tanto, tened cuidado de cómo oís; porque al que tiene, más le será dado; y al que no tiene, aun lo que cree que tiene se le quitará".

Dos partes de este versículo demandan un análisis más cercano. La parábola del sembrador, que se encuentra en Lucas, hablaba acerca de lo que oímos. Sin embargo, Lucas 8:18 nos exhorta "tened cuidado de cómo oís". En otras palabras, Jesús nos está diciendo que estemos atentos a cómo recibimos Su palabra. Debemos asegurarnos que nuestra tierra esté arada y sin espinos para ayudar garantizar un crecimiento abundante. Tenemos que asegurarnos de ser humildes cuando recibimos la palabra de Dios. Debemos asegurarnos de ser una tierra manejable.

La última parte de Lucas 8:18 también contiene una cláusula poderosa: "aun lo que cree que tiene se le quitará". Muchos cristianos fracasan en producir crecimiento abundante. La semilla de la palabra de Dios podría estar cayendo continuamente en su tierra, pero a menos que su suelo sea regado y desmalezado, entonces incluso la madurez espiritual que parece evidente puede perderse.

¿Está familiarizado con la historia de José en Génesis 37? José tenía solamente diecisiete años cuando empezó a escuchar a Dios en sueños. Sin embargo, cuando les contó su primer sueño a sus hermanos, lo contó con un espíritu altivo (o quizá, sencillamente, lo contó de manera descuidada) pues sus hermanos lo odiaron por eso y le tenían envidia. José tuvo otro sueño de Dios y se lo contó a sus padres, y ellos también respondieron desfavorablemente. Se produjo envidia en la familia, y "y su padre lo reprendió" por eso (versículo 10).

Claramente, los sueños de José provenían de Dios. Sin embargo, las reacciones de José podrían no haber venido de Dios. ¿Por qué necesitaba siquiera contarles a sus hermanos acerca del primer sueño? Todo lo que el sueño trataba era de los hermanos inclinándose ante José un día. Un joven prudente habría hecho bien al guardarse ese tipo de información para sí. Y ¿por qué José les contó a sus padres el segundo sueño? Se trataba de sus padres inclinándose ante él un día. Usted pensaría que José pudo haber aprendido su lección por la reacción que recibió cuando les contó el primer sueño a los hermanos.

Creo que José pudo haberles contado a los demás acerca de su sueño debido a su orgullo. Definitivamente, no fue una decisión sabia. Cuando menos, probablemente era una indiscreción juvenil. Esto es lo sorprendente: Dios nunca le volvió a hablar a José en sueños, jamás, ni siquiera una vez. Dios le dio a José dos sueños cuando era joven para ver cómo los manejaría, pero José desperdició la oportunidad. Él fue inmediatamente y presumió de los sueños; él no los protegió cuidadosamente ni los valoró en su corazón. Allí, él pudo haberlos sopesado más completamente, tal como lo hizo María con el mensaje de Dios para ella y los milagros que rodearon el nacimiento de Jesús (Lucas 2:19).

Afortunadamente, Dios obró grandemente en la vida de José durante su crecimiento y José respondió bien a la tutela. Después, José pudo interpretar los sueños de otros y eso ayudó a llevarlo a su destino. Si nosotros desperdiciamos oportunidades cuando fuimos jóvenes (o aun más tarde en la vida), Dios todavía no ha terminado con nosotros. Dios siempre es el Dios del retorno. Sin embargo, cuando Dios nos habla, es muy importante que no usemos Su palabra para lucirnos.

Santiago 4:6–7 dice: "Pero Él da mayor gracia. Por eso dice: 'Dios resiste a los soberbios, pero da gracia a los humildes'. Por tanto, someteos a Dios. Resistid, pues, al diablo y huirá de vosotros". ¡Me encanta ese versículo! Dios promete que Él nos da gracia. Y luego, Él nos da aún más gracia. Y la implicación es que, si necesitamos aún más gracia después de eso, entonces ¡Él también nos la dará! Pero la enseñanza no se queda allí. Hay una advertencia. La Biblia dice: "Dios resiste al soberbio". Significa que, si somos orgullosos, entonces Dios nos resiste. En el griego original, la palabra para *resistir* significa "oponerse"[4]. Es un término deportivo en el que dos equipos se oponen el uno al otro cuando juegan juntos en un campo.

Visualice un juego de fútbol. Si somos creyentes, entonces Dios nos deja tener la pelota. Y hasta podemos meter goles. Podemos enseñar. Tenemos la oportunidad de ser líderes. La oportunidad de ministrar. Podemos dar. Podemos servir. Podemos ser parte del maravilloso plan de Dios para Su reino. Y lo mejor de estar en el equipo de Dios es que Él corre delante de nosotros, aclarándonos el camino. Es como si Él dice: *Oigan, solo quédense detrás de Mí todo el tiempo. Lo tengo bajo control. Solo síganme.*

Pero si somos orgullosos, en vez de que corramos sin tropiezos, somos derribados y empujados hacia atrás por la oposición. Nuestro ministerio es obstaculizado. En el caso de Santiago 4:6–7, en realidad, la oposición es Dios. ¿Cómo se vería la oposición de Dios? Si somos orgullosos, entonces empezamos a pensar que sabemos mucho de fútbol. Le decimos a Dios: "No te preocupes por esta. He llevado la pelota muchas veces. Puedes irte a la banca, Dios". Mentalmente podríamos pensar: *Soy un gran jugador de fútbol. Todos los de la tribuna me aclaman.*

Con esta manera de pensar se vuelve mucho más difícil ver a las personas por quienes oramos encontrar la libertad. Es mucho más difícil dirigir de manera efectiva un grupo pequeño o dar una clase en la escuela dominical. Es difícil ver un cambio espiritual verdadero efectuándose en la vida de otros. Si somos orgullosos, entonces es como si Dios dijera: "Bien, quieres hacer esto por ti mismo. Entonces, veamos qué tan lejos llegas".

La humildad es muy importante para ser administradores de la palabra de Dios.

3. Somos administradores cuidadosos de la voz de Dios cuando obedecemos Sus palabras

¿Recuerda a Jonás? Ese es un caso clásico de desobediencia. Jonás escuchó al Señor, pero ¿qué hizo Jonás? Huyó por el camino contrario. Dios le dijo a Jonás que fuera a Nínive, pero Jonás se subió a un barco que se dirigía a Tarsis. Dios dijo que fuera al norte, pero Jonás se fue al sur.

Así que Dios provocó una tormenta. Jonás fue lanzado al mar y tragado por un gran pez. Allí, en el estómago del pez, Jonás clamó al Señor su Dios. Jonás se arrepintió. Básicamente, él dijo: "Dios, yo estaba equivocado. Si yo pudiera darle la vuelta a este pez e ir a Nínive, eso haría".

A principios de este capítulo, toqué brevemente el tema de Dios usando las circunstancias para hablarle a las personas. La historia de Jonás provee un ejemplo de eso. Es claro que Jonás escuchó al Señor, pero Jonás no obedeció la voz de Dios. Así que Dios puso en movimiento circunstancias que comunicarían el mensaje con más fuerza para Jonás. Observe esto con cuidado: conozco personas que me dicen que no están escuchando la voz de Dios. Cuando eso sucede, les digo que vean sus circunstancias y luego que retrocedan a lo último que Dios les dijo claramente y vean si obedecieron o no. Si no pueden recordar, entonces, sencillamente les animo a que hagan lo que hizo Jonás: arrepentirse. Deje de hacerlo a su manera y mejor hágalo a la manera de Dios.

Esta es la gran pregunta: Si Dios le dijo algo a usted, ¿lo hizo? La obediencia es tan importante en la vida de un creyente. Y no solo estoy hablando de apretar los dientes e intentar más fuerte. Dios nos da el poder para obedecerle por medio de Su Espíritu Santo y Su manera de proceder es siempre la gracia. En la economía de Dios, la obediencia es obligatoria. Jesús les presenta estas palabras claras a Sus discípulos en Juan 14:15: "Si me amáis, guardaréis mis mandamientos". El apóstol Juan aparentemente comprendió este mensaje por completo, pues lo repitió más adelante en la Biblia en 1 Juan 5:3: "Porque este es el amor de Dios: que guardemos sus mandamientos, y sus mandamientos no son gravosos".

Nuestro proceso de ser obedientes a Dios ha sido comparado con un surfista aprendiendo a agarrar una ola. El poder del océano es como el Espíritu Santo en nuestra vida. Cuando un surfista remonta mar adentro, el poder de la ola en realidad hace el trabajo principal de traerlo de regreso a la orilla. Aun así, el surfista tiene que alinearse con el poder del océano. Tiene que colocar su tabla de manera que pueda agarrar el poder de la ola. Tiene que bracear con el poder del océano, no en su contra, si quiere montar exitosamente hacia la tierra. Lo mismo sucede con Dios y nosotros. El Espíritu Santo finalmente nos hace santos. Su obra y poder transforman nuestra vida con el tiempo. Nuestro trabajo es alinearnos continuamente con Él y entregarnos a Su obra y poder.

Bendiga al Señor

Me pregunto si usted alguna vez pensó en por qué debemos ser administradores cuidadosos de la voz de Dios. Quiero decir que, claro, la razón es obedecer a Dios, y es de manera que Dios no cierre el área de bendición para nosotros. Pero ¿existe una razón aún mayor, una que sea enfocada en Dios y no en nosotros?

Un día, a principios de nuestro ministerio, Debbie y yo íbamos conduciendo y vimos una calcomanía en un parachoques que decía: "Venga, bendiga al Señor". Era de una iglesia llamada *Shady Grove*, y en ese entonces, yo nunca había oído de esa iglesia. *Shady Grove Church*, en los años 80, a veces tenía dos o tres horas de alabanza antes del mensaje, y allí estaban sucediendo cosas poderosas: corazones y vidas cambiadas, nuevos inicios, hasta sanidades. ¿Tiene usted la edad suficiente como para recordar el canto "Traemos sacrificios de alabanza"?[5] Salió de *Shady Grove Church* en ese tiempo.

Pero recuerdo la primera vez que vi esa calcomanía, aclarando mi garganta con indignación, volteé a ver a Debbie y dije: "Mira qué atrevimiento. ¿Por qué creería una iglesia que Dios puede ser bendecido por lo que ella hace o si uno asiste allí? Nosotros no bendecimos a Dios. Dios nos bendice a nosotros".

Ahora bien, yo sé que el Señor me oyó decir eso. Y no sé si esto es parte de Su santo sentido del humor o no, porque en poco tiempo, Debbie y yo asistimos a esa iglesia. Y muy poco tiempo después de eso, yo era parte del personal allí. El Señor me llevó a estudiar las Escrituras y pronto aprendí que es muy bíblico, sin duda, no solo que Dios nos bendiga, sino que nosotros también bendigamos a Dios.

La palabra *bendecir* en el griego original es *makarios*. Significa "feliz".[6] A continuación algunas escrituras a las que Dios me llevó:

> Bendeciré al Señor en todo tiempo;
> continuamente estará su alabanza en mi boca.
> —Salmo 34:1

Bendecid a Dios en las congregaciones,
al Señor, vosotros del linaje de Israel.

—Salmo 68:26

Bendice, alma mía, al Señor,
y no olvides ninguno de sus beneficios.

—Salmo 103:2

Los muertos no alaban al Señor,
ni ninguno de los que descienden al silencio.
Pero nosotros bendeciremos al Señor
desde ahora y para siempre.
¡Aleluya!

—Salmo 115:17–18

He aquí, bendecid al Señor todos los siervos del Señor,
los que servís por la noche en la casa del Señor.
Alzad vuestras manos al santuario
y bendecid al Señor.

—Salmo 134:1–2

¿Cuál es la razón primordial para ser administradores cuidadosos de la voz de Dios? Es bendecirlo a Él. Podemos realmente ministrar al Señor cuando lo adoramos y manejamos Su palabra con cuidado. Observe la conexión cercana en Hechos 13:1–5, entre la bendición del Señor y escuchar la voz del Señor:

En la iglesia que estaba en Antioquía había profetas y maestros: Bernabé, Simón llamado Niger, Lucio de Cirene, Manaén, que se había criado con Herodes el tetrarca, y Saulo. *Mientras ministraban al Señor y ayunaban, el Espíritu Santo dijo:* "Apartadme a Bernabé y a Saulo para la obra a la que los he llamado". Entonces, después de ayunar, orar y haber impuesto las manos sobre ellos, los enviaron.

Ellos, pues, enviados por el Espíritu Santo, descendieron a Seleucia y de allí se embarcaron para Chipre. Llegados a

Salamina, proclamaban la palabra de Dios en las sinagogas de los judíos; y tenían también a Juan de ayudante.

Cinco hombres ministrando al Señor por medio de ayuno y oración. Dentro de ese ayuno y oración, el Espíritu Santo les habla y llama a dos de ellos para algo específico, un nuevo trabajo. Estos hombres llevaron el evangelio a los gentiles y, con el tiempo, el evangelio se expandió por todo el mundo. El Espíritu Santo habló mientras los cinco ministraban al Señor.

¿Cómo ministramos al Señor? Implica mucho más que cantar unas cuantas canciones cada domingo. Ministramos a Dios cuando reconocemos quien realmente es. Lo adoramos. Alabamos Su nombre. Nos deleitamos en desarrollar una relación con Él. Prestamos atención a Sus palabras. Como buenos mayordomos, tratamos cuidadosamente lo que Él nos dice.

UNA CONVERSACIÓN DURANTE EL ALMUERZO

Debbie y yo estábamos en Nueva Zelanda, ministrando en algunas iglesias de allí. Un día, uno de nuestros pastores anfitriones y su esposa nos invitaron a almorzar. Cuando la mesera se acercó para tomar nuestra orden, noté que ella no tenía acento neozelandés. Así que le preguntamos de dónde era, y ella dijo: Estados Unidos. Ella y su esposo acababan de mudarse a Nueva Zelanda.

Nuestra conversación fue un rápido intercambio, y el restaurante estaba lleno pues era la hora pico, así que eso fue más o menos todo lo que se dijo. Pero fue raro porque cuando la mesera nos estaba hablando, tuve la clara impresión en mi corazón de que debíamos invitarla, junto con su esposo, a la iglesia. Pero usted ya sabe cómo son las cosas. Me pregunté si yo estaba verdaderamente escuchando al Señor, y nosotros nos ocupamos con el almuerzo y hablando con la otra pareja. Cuando terminamos de almorzar, una mesera diferente nos trajo la cuenta. Yo estaba seguro de que ya no podía hacer nada respecto a la invitación, así que nos fuimos todos.

Mientras estábamos parados en el estacionamiento, hablando con

SEA UN MAYORDOMO DE LA VOZ DE DIOS

el pastor y su esposa, tuve la misma impresión clara de que debía invitar a la mesera y a su esposo a la iglesia, pero esta vez, la impresión era aún más fuerte. Esta vez decidí obedecer. "¿Me disculpan por un momento?", les dije a los demás. "Tengo un asunto inconcluso que atender". Y regresé al restaurante. Busqué a la anfitriona y le pregunté por nuestra mesera. Resultó que ella había tenido un descanso, razón por la cual alguien más nos llevó la cuenta. Le pregunté si podía hablar con ella de todos modos. La anfitriona fue a la parte trasera a buscarla, y nuestra mesera salió en poco tiempo.

"Disculpe", le dije cuando llegó. "Sé que está en su receso. Pero solamente tengo esta fuerte impresión de que se supone que yo los invite, a usted y a su esposo, a venir a la iglesia este fin de semana".

Su rostro se iluminó y respondió: "No puedo creer que haya dicho eso. Mi esposo y yo nunca hemos ido a la iglesia excepto por un par de veces cuando éramos niños. Pero hemos estado aquí por tres meses ya y recién empezamos a hablar sobre la necesidad de conocer algunas personas, y mientras lo discutíamos juntos, uno de nosotros dijo: '¿Por qué no empezamos a ir a una iglesia para conocer algunas personas?'".

Pude darle el nombre y la dirección de una buena iglesia cristiana, cristocéntrica y de enseñanza bíblica. Me dio mucho gusto haber obedecido a Dios (¡no siempre es el caso!). Ella pudo haber ido a una iglesia donde ni siquiera se predicaba el evangelio.

Amigo mío, Dios siempre habla en muchas formas. En Marcos 4:24, Jesús advirtió a Sus discípulos: "Cuidaos de lo que oís. Con la medida con que midáis, se os medirá, y aún más se os dará". Buena mayordomía significa administrar bien los recursos de alguien más. Tendemos a pensar en la mayordomía como administrar nuestro tiempo y dinero, pero la advertencia de Jesús en Marcos nos dice que somos responsables de administrar la palabra pronunciada de Dios también. Aquellos que escuchan a Dios, reciben Su palabra con corazón humilde y la llevan a cabo, volverán a escuchar a Dios. Pero Santiago 4:6 nos dice: "Dios resiste al soberbio". Dios no seguirá hablándoles a las personas orgullosas ni a aquellos que no obedecen lo que Él ha dicho.

Dios siempre está hablando, pero los únicos que oyen son aquellos que se sintonizan en la frecuencia correcta a través de la humildad y la obediencia.

Que seamos aquellos que administran bien la palabra de Dios. Amén.

CAPÍTULO OCHO

RECONOZCA LA VOZ DE DIOS A TRAVÉS DE LA RELACIÓN

El Espíritu mismo da testimonio a nuestro espíritu de que somos hijos de Dios, y si hijos, también herederos; herederos de Dios y coherederos con Cristo.
—Romanos 8:16–17

Cuando nuestros hijos eran pequeños, Debbie y yo no teníamos mucho dinero. Vivíamos en una casa muy pequeña que tenía un baño muy pequeño. Sin embargo, teníamos un lujo: un jacuzzi en el patio de atrás. No era muy grande, solo cabían dos personas. Era tan poco sofisticada que, para calentar el agua, sencillamente la conectaba a un tomacorriente común. Cada noche, después de acostar a los niños, Debbie y yo nos sentábamos en el jacuzzi a conversar. Los monitores para bebé acababan de salir al mercado en aquel entonces (esto pasó hace mucho tiempo), y habíamos colocado una parte del monitor para bebés en el cuarto del bebé y la otra parte cerca del jacuzzi para poder oír si el bebé lloraba. Una vez, el monitor cayó dentro del jacuzzi. Pero fue sorprendente porque después de eso, el bebé nunca volvió a llorar.

Una noche, durante nuestra conversación en el jacuzzi, Debbie se puso muy seria y me dijo: "Robert, quiero preguntarte algo".

Yo asentí. Acababa de estar dando unas clases de Biblia sobre escuchar la voz de Dios, y ella dijo: "¿Me enseñarías, personalmente, cómo escuchar a Dios?".

"Claro", respondí. Repasamos algunos principios generales de la Biblia y, luego, añadí: "Ya sabes, tú puedes escuchar a Dios en este momento; ¿lo sabías? Detengámonos un momento y enfoquémonos en el Señor y oremos pidiéndola a Dios que te hable. Él va a hablar, te lo aseguro. Será como un pensamiento que viene a tu mente y se alinea con el carácter y la bondad de Dios. ¿Lista?".

Así que Debbie asintió, y cerramos nuestros ojos y yo oré. Luego, abrí mis ojos y vi su rostro. Ella parecía como si en realidad estuviera escuchando atentamente. Luego, inclinó su cabeza hacia un lado, sonrió y alzó los hombros al mismo tiempo, como si estuviera diciendo: "Ah, bueno".

"Espera un momento", dije. "¿Qué acabas de escuchar?".

"Bueno, no era Dios", respondió. "De eso estoy segura".

"¿Cómo lo sabes?", pregunté. "Dime lo que acabas de escuchar". Ella hizo una pausa como si estuviera buscando las palabras adecuadas, luego empezó. "Bueno, justo antes de llevar a los niños a la cama, les leí ese viejo cuento para niños, *La pequeña locomotora que sí pudo.* ¿La recuerdas? Se trata de una pequeña locomotora azul que fue diseñada para jalar cosas pequeñas, como uno o dos vagones en un patio de ferrocarril. Allí había un tren largo que necesitaba ser remolcado al otro lado de la colina. Entonces, el tren largo les preguntó a varias locomotoras grandes si podían jalarlo al otro lado de la colina, pero todas las locomotoras grandes dijeron que no. Así que, finalmente, el tren largo acudió a la pequeña locomotora para pedirle ayuda. La pequeña locomotora dijo que sí, y durante todo el tiempo que estuvo trabajando en eso, repetía constantemente esta frase una y otra vez: 'yo creo que puedo, yo creo que puedo, yo creo que puedo'. Finalmente, llevó al tren al otro lado de la montaña. Y entonces dijo: 'yo sé que puedo, yo sé que puedo, yo sé que puedo'.[1] Eso es lo que acabo de escuchar. Oí esa frase. Pero eso no puede ser de Dios, ¿o sí?".

Mientras escuchaba a mi esposa, oraba simultáneamente, y cuando ella dijo eso, inmediatamente, el Espíritu Santo puso en mi corazón que esa era, sin duda, la voz de Dios para ella.

"Acabas de oír a Dios", le dije. "Imagínate a ti misma como la pequeña locomotora y a mí como la locomotora grande, y el Señor está tratando de decirte que tú puedes escuchar al Señor por ti misma. No es 'yo creo que puedo, yo creo que puedo', sino 'yo sé que puedo, yo sé que puedo'".

Desde entonces han pasado años y mi esposa ha desarrollado su relación personal con Dios a lo largo del tiempo y ha ahondado más en su fe. Hoy en día, cuando viene y me dice: "Robert, tengo una palabra del Señor para ti", yo soy todo oídos porque ella ahora oye al Señor con regularidad.

Quizá usted esté en la misma etapa de su trayectoria espiritual, donde no sabe si puede escuchar al Señor o no. Ha llegado hasta aquí leyendo este libro y dice: "Bueno, creo que yo puedo hacerlo". Quiero animarlo a que usted, con toda seguridad, puede escuchar a Dios. No es "yo creo que puedo, yo creo que puedo", sino "yo sé que puedo, yo sé que puedo".

La clave para escuchar a Dios con regularidad es crecer en nuestra relación con el Señor. Nunca debemos escondernos de Dios o estar alejados de Él. Jesús pagó por todos nuestros pecados, así que esos pecados ya no bloquean nuestro acceso. Podemos aprender a reconocer la voz de Dios cuando pasamos mucho tiempo con Dios. Hebreos 4:16, nos extiende una invitación maravillosa: "Por tanto, acerquémonos con confianza al trono de la gracia para que recibamos misericordia, y hallemos gracia para la ayuda oportuna".

UNA RELACIÓN PERSONAL CON EL SEÑOR

Cuando la gente piensa en el evangelio, a veces, la única palabra que le viene a la mente es *perdón*. Esta idea es fácil de entender y de apreciar para una persona que se da cuenta que es pecadora, o particularmente, para una persona que ha llevado una vida inmoral antes de venir a Jesús. Dios ha limpiado la lista. Dios le da a la gente un nuevo comienzo.

Ciertamente, el perdón es una parte grande del evangelio. Un versículo tras otro de la Escritura habla acerca del perdón de Dios por nuestros pecados. Isaías 1:18 es uno de mis favoritos.

> Venid ahora, y razonemos
> —dice el Señor—
> aunque vuestros pecados sean como la grana,
> como la nieve serán emblanquecidos;
> aunque sean rojos como el carmesí,
> como blanca lana quedarán.

Sin embargo, ¿alguna vez ha pensado que el evangelio implica más que perdón?[2] Incluye reconciliación, una palabra grande que significa sencillamente que las cosas vuelven a juntarse. Por ejemplo, después que un esposo y esposa han tenido una pelea, se reconcilian y llegan a un acuerdo. Decimos que ellos se reconciliaron. Su relación está en armonía. Encontramos la idea de que estamos reconciliados con Dios espiritualmente debido a lo que Jesús dice, entre otros versículos, en 2 Corintios 5:18–19:

> Y todo esto procede de Dios, quien nos reconcilió consigo mismo por medio de Cristo, y nos dio el ministerio de la reconciliación; a saber, que Dios estaba en Cristo reconciliando al mundo consigo mismo, no tomando en cuenta a los hombres sus transgresiones, y nos ha encomendado a nosotros la palabra de la reconciliación.

Otro versículo fantástico es Romanos 5:10: "Porque si cuando éramos enemigos fuimos reconciliados con Dios por la muerte de su Hijo, mucho más, habiendo sido reconciliados, seremos salvos por su vida".

Quizá "reconciliación" le parezca a usted muy frío. La idea parece muy conceptual o intelectual como para emocionarse por ella o demasiado difícil para comprenderla. Por eso, Dios no da historias en la Biblia. Jesús muchas veces contó parábolas que son historias sencillas con un significado. ¿Por qué? Porque, a veces, puede ser más fácil para nosotros ver y sentir la maravilla de una verdad a través de los lentes de una historia. La historia que enseña tanto la idea del perdón como la de reconciliación es la parábola del hijo pródigo (Lucas 15:11–32).

¿Recuerda la parábola? Cierto hombre tenía dos hijos. El más joven le pidió al padre su herencia anticipadamente. Luego, el hijo más joven se fue y despilfarró todo lo que tenía, viviendo perdidamente. Después, el hijo más joven volvió finalmente en sí, sintiéndose avergonzado por el error cometido regresó a la casa de su padre, esperando sencillamente que el padre le diera trabajo como uno de sus jornaleros. Leemos esta descripción maravillosa del regreso a casa:

Y cuando todavía estaba lejos [el hijo más joven], su padre lo vio y sintió compasión por él, y corrió, se echó sobre su cuello y lo besó. Y el hijo le dijo: "Padre, he pecado contra el cielo y ante ti; ya no soy digno de ser llamado hijo tuyo". Pero el padre dijo a sus siervos: "Pronto; traed la mejor ropa y vestidlo, y poned un anillo en su mano y sandalias en los pies; y traed el becerro engordado, matadlo, y comamos y regocijémonos; porque este hijo mío estaba muerto y ha vuelto a la vida; estaba perdido y ha sido hallado". Y comenzaron a regocijarse (versículos 20–24).

Mire, en lo que se refiere al evangelio, Dios no solo nos perdona; Él nos reconcilia consigo mismo. El Padre no dice sencillamente: "La lista está limpia; puedes ganarte el sustento como Mi empleado y ser Mi humilde sirviente". No. El Padre abre completamente Sus brazos y dice: "Ven a casa. Aquí está la mejor ropa para que la uses. Y también un anillo para tu mano y sandalias para tus pies. Eres Mi hijo. ¡Finalmente has venido a casa! Todo lo que tengo es tuyo. ¡Es tiempo de celebrar!".

¡Ese es el evangelio!

Por eso, una relación personal con Jesús es tan maravillosa. No somos solamente perdonados por Dios, somos reconciliados con Él. Por medio de la obra de Jesús en la cruz, nuestra relación con Dios vuelve a estar en armonía. El apóstol Pablo difícilmente podía contenerse cuando escribió sobre esta verdad:

Por esta causa, pues, doblo mis rodillas ante el Padre de nuestro Señor Jesucristo, de quien recibe nombre toda familia en el cielo y en la tierra, que os conceda, conforme a las riquezas de su gloria, ser fortalecidos con poder por su Espíritu en el hombre interior; de manera que Cristo more por la fe en vuestros corazones; y que arraigados y cimentados en amor, seáis capaces de comprender con todos los santos cuál es la anchura, la longitud, la altura y la profundidad, y de conocer el amor de Cristo que sobrepasa el conocimiento, para que seáis llenos hasta la medida de toda la plenitud de Dios.

Y a aquel que es poderoso para hacer todo mucho más abundantemente de lo que pedimos o entendemos, según el poder que obra en nosotros, a Él sea la gloria en la iglesia y en Cristo Jesús por todas las generaciones, por los siglos de los siglos. Amén (Efesios 3:14–21).

¿Cuál es mi punto? Quiero que sepa lo que verdaderamente le sucedió a usted cuando decidió seguir a Jesús. Quiero que sepa y sienta que el Padre lo ama profunda e intensamente. Dios le ha dado la bienvenida a casa con los brazos abiertos. Somos hijos e hijas de Dios (Romanos 8:16–17). Somos herederos según la promesa (Gálatas 3:29). Todo lo que el Padre tiene es nuestro (Lucas 15:31). Tenemos toda bendición espiritual en Cristo (Efesios 1:3). ¡De eso se trata una relación personal con Jesús!

Es un principio general estupendo que cuando nuestra relación personal con Jesús se haga más profunda, entonces podremos escuchar Su voz mejor. ¿Cómo podemos reconocer la voz de Dios? ¿Cómo podemos saber con seguridad que Dios está hablando, y no que son nuestros propios pensamientos? Podemos reconocer la voz de Dios cuando tenemos una relación profunda con Él. La profundidad de nuestra relación con Dios es la base para reconocer Su voz.

Hay una advertencia. A veces, una persona que tiene una relación profunda con Dios será probado con un tiempo de silencio de Dios. Esta persona podría estar caminando de cerca y cuidadosamente con el Señor, pero no experimentará comunicación que pueda ser reconocida como proveniente de Dios, excepto por la Biblia misma. Sin embargo, podría ser que la persona está sencillamente siendo guiada por Dios a través de un tiempo de prueba. Dios podría estar diciendo: "¿Puedes confiar en Mí aun cuando no te hablo del todo?".

¿Recuerda la historia de Abraham como está relatada en Génesis? Fue llamado "amigo de Dios" (Santiago 2:23), y se nos dice que él "Le creyó a Dios, y esto se le tomó en cuenta como justicia" (Gálatas

3:6, NVI). Entonces, ciertamente él tenía una relación profunda con el Señor. Aun así, solamente pocas veces en su vida Abraham escuchó la voz de Dios, y hay largas temporadas de silencio entre ella, algunas veces hasta décadas.

Job es otro ejemplo de un hombre que tenía una relación profunda con Dios y que experimentó el silencio de Dios. Dios mismo le dijo a Satanás que Job era "hombre intachable y recto, temeroso de Dios y apartado del mal" (Job 1:8). Sin embargo, Job atravesó un tiempo intenso de silencio de Dios acompañado de pruebas difíciles. Sus amigos balbucearon simplezas; sin embargo, Dios no habló por un tiempo largo, largo. Ciertamente, Dios pudo haber aparecido y hablado con Job mucho antes, tal como finalmente lo hace casi al final de la historia, pero antes Job tuvo que pasar por todo un tiempo de prueba.

Habiendo señalado algunas excepciones, debemos recordarnos a nosotros mismos que generalmente es cierto que mientras más cercana sea nuestra relación con Dios, mejor podemos escuchar Su voz. Nos es de gran beneficio profundizar nuestra amistad con el Señor, y uno de los beneficios es que estaremos más preparados para escucharlo cuando Él decida hablarnos.

Así que quiero darles tres verdades acerca de tener una relación personal con Dios. Estas verdades nos ayudan a saber cómo escuchar la voz de Dios.

1. Nuestra relación con Dios tiene que ser nuestra máxima prioridad

¿Está familiarizado con la letra del antiguo himno, "Oh, Cristo te adoro"? Un adolescente llamado William Featherstone escribió la letra en forma de poema en inglés en los años 1800. Más tarde, Judson Gordon (fundador de *Gordon College* y el seminario teológico *Gordon-Conwell*) le puso música al poema.

La segunda línea del primer verso del canto en inglés, por lo general, se canta hoy día como: "Por ti los caminos del mal ya dejé". Pero esa expresión *caminos del mal* es en realidad un cambio posterior a la canción. En la versión original, la palabra era *placeres*. "Por ti, a todos los placeres del pecado ya dejé". Hay algo intensamente profundo en esa palabra original siendo asociada con el pecado.[3] Mire, la gran mentira que el pecado nos muestra es que es verdaderamente placentero. Ah, el pecado puede ser placentero por un momento o dos, pero nunca satisface verdaderamente, no de manera plena, duradera, honorable. En Génesis 3, cuando la serpiente se acercó a Adán y a Eva en el huerto del Edén, él presentó esta vieja mentira: "Es más placentero desobedecer a Dios que obedecerlo. Las cosas irán mejor para ustedes si comen del fruto que si no lo hacen. De alguna manera se están perdiendo de algo. Dios les está ocultando algo bueno. El pecado es la solución".

Satanás no tiene nuevos trucos. Él nos susurra la misma mentira a nosotros hoy día: "El pecado es la solución". Si pecas, tendrás gozo. Tendrás paz. Tendrás placer". Sin embargo, lo que precisamente Satanás nos dice que hagamos para que seamos felices es en realidad lo que precisamente nos hará perder lo que ya tenemos. No perdemos nuestra salvación, pero sí perdemos nuestra relación cercana con Dios. Adán y Eva ya disfrutaban de armonía cercana con Dios. Él no les había retenido ningún bien. Pero cuando pecamos, el pecado enloda la relación, y perdemos la relación cercana con Dios que podríamos disfrutar.

Escuche. Si tiene a Jesús, usted tendrá gozo. Tendrá paz. Tendrá satisfacción duradera. Por eso debemos hacer de nuestra relación con Dios nuestra mayor prioridad. Jesús nos invita a seguirlo de cerca, a cambiar los placeres superficiales del pecado por los placeres verdaderos, profundos, de conocerlo a Él. Ciertamente, cuando pecamos, la gracia siempre está disponible. Jesús nos perdona y Él nos reconcilia con Él una y otra vez. Pero no necesitamos atravesar el dolor del pecado para experimentar la reconciliación. Es mejor nunca apartarnos de un caminar cercano con Dios. "¿Qué diremos, entonces? ¿Continuaremos en pecado para que la gracia abunde? ¡De ningún modo! Nosotros, que hemos muerto al pecado, ¿cómo viviremos aún en él?" (Romanos 6:1–2).

Una de las cosas que sucedieron cuando Adán y Eva pecaron

tiene relación directa con oír la voz de Dios. En el principio Dios creó el Paraíso y puso a dos personas jóvenes en medio de ese Paraíso. Cada mañana y cada tarde, en el fresco del día, Dios se encontraba con ellos. Me gusta pensar que era más que una simple conversación, aunque una conversación con Dios habría sido lo suficientemente maravillosa en sí. Creo que Dios disfrutaba el Paraíso con ellos. Dios disfrutaba mostrarles el lugar. Quizá Dios, Adán y Eva caminaban unos kilómetros y entonces Dios les mostraba una catarata nueva, enorme, de cien metros de altura. Todos se tiraban a nadar. Luego, quizá Dios decía: *Vengan, les mostraré una manada de elefantes. Allí, después de la cuesta. ¿Verdad que se ven divertidos con sus largas trompas y grandes orejas?* Y quizá, a veces, sus conversaciones eran como esas palabras quietas, casi sin aliento, que pueden ser susurradas entre marido y mujer cuando están en perfecta paz, recostados uno al lado del otro, tomados de la mano, quedándose dormidos; armonía perfecta, intimidad perfecta, gozo perfecto, paz perfecta.

Pero, luego, Adán y Eva pecaron. Y el temor entró en escena.

> Y oyeron al Señor Dios que se paseaba en el huerto al fresco del día; y el hombre y su mujer se escondieron de la presencia del Señor Dios entre los árboles del huerto.
>
> Y el Señor Dios llamó al hombre, y le dijo: "¿Dónde estás?".
>
> Y él [Adán] respondió: "Te oí en el huerto, y tuve miedo porque estaba desnudo, y me escondí" (Génesis 3:8–10).

Piense en ese pasaje. Quizá Dios tenía todo el día planeado para Adán y Eva, como siempre. Pero fue a buscarlos y no los pudo encontrar porque ellos se estaban escondiendo de Él. Dios oyó las palabras más tristes que jamás había escuchado:

> "Oí Tu voz
> Tuve miedo…
> Y me escondí".

El temor es donde empezaron todos los problemas. La relación estaba dañada. La comunicación armoniosa fue toscamente interrumpida. Cuando el pecado entró al mundo, las personas empezaron a temer la voz de Dios. Adán nunca había temido a la voz de Dios antes, jamás. Sin embargo, el pecado lo había cambiado todo y separado a Adán de Dios.

Esta es la buena noticia. Jesús restauró esa relación: nosotros con Dios. No necesitamos escondernos de Dios nunca más. Todavía podemos escuchar Su voz claramente hoy día, sin separación, sin temor. No necesitamos tener miedo jamás cuando Dios nos habla porque Jesús reparó la relación.

Por eso nuestra relación con Dios tiene que ser nuestra máxima prioridad. Estamos muertos al pecado y vivos para Cristo.

2. Nuestra relación con Dios tiene que ser nuestra máxima búsqueda.

Nuestra relación con Dios tiene que ser tanto nuestra máxima prioridad como nuestra máxima búsqueda.

Prioridad se refiere a que consideramos que tiene la máxima importancia.

Búsqueda significa "lo que seguimos de cerca". Si vamos en búsqueda de algo, corremos tras eso. Luchamos por eso con todas nuestras fuerzas.

Allá en el huerto del Edén, había dos árboles específicos que Dios mantenía en el centro del huerto. Pero solo uno era prohibido. ¿Sabe cuáles eran?

El primero se llamaba "el árbol del conocimiento del bien y del mal", y Dios le dijo a Adán y Eva que no deberían comer su fruto (Génesis 2:1–17). Solo el fruto de este árbol estaba prohibido. El segundo se llamaba "el árbol de la vida" (versículo 9). Estaba ubicado cerca del árbol del conocimiento del bien y del mal, a inmediaciones del huerto. Si una persona comía del árbol de la vida, la Biblia describe el resultado como inmortalidad; la persona viviría eternamente (3:22).

Este es un enunciado audaz: Dios nunca tuvo la intención de que nuestra vida se basara en el conocimiento del bien y del mal, nunca. Su intención era que comiéramos del árbol de la vida. Dios siempre elige vida. Dios nunca tuvo la intención que la vida de la gente se basara en su conciencia y en sopesar continuamente qué era bueno y qué, malo. Originalmente, Su intención era que la vida de las personas se basara en Su voz (Mateo 4:4).

Poner en duda este plan fue parte de la mentira original de Satanás. Él quería que Adán y Eva creyeran que el pecado era más placentero que seguir a Dios y él quería que ellos dudaran de la voz de Dios. Recuerde cómo varias de las tentaciones de Satanás empezaron con una pregunta: ¿Qué dijo Dios? ¿Conque Dios os ha dicho? (Génesis 3:1). Satanás quería que Adán y Eva dudaran de la voz de Dios. Una vez Satanás logró que ellos dudaran de la voz de Dios, entonces fue fácil para Adán y Eva dar el siguiente paso y pecar. Pero Dios quiere que nosotros oigamos Su voz. Él quiere que Sus hijos lo escuchen a Él. Quiere que Sus ovejas escuchen la voz del Pastor. Quiere que confiemos y obedezcamos Su voz.

Se lo diré de otra forma. Podría sorprenderlo, pero se lo explicaré. Dios no quiere que nosotros vivamos basándonos en nuestra conciencia, incluso hoy día. ¿Qué hace la conciencia? Nos recuerda del conocimiento del bien y del mal. Ciertamente, la conciencia puede jugar una parte en nuestra vida, si está guiada y redimida por Dios. Sin embargo, a veces, nuestra consciencia no concuerda con Dios. No podemos confiar solo en la conciencia.

Por ejemplo, una persona puede sentirse falsamente culpable por algo. Esto lo vemos en los veteranos de combate que regresan de la guerra. Quizá un compañero de ellos murió, pero ellos sobrevivieron, entonces se sienten culpables de estar vivos. Esa es una culpa falsa. O una conciencia puede ser hiperactiva, empujando a una persona susceptible a sentirse condenada, aplastada por el peso del pecado, incluso después de que la persona le ha confesado el pecado al Señor.

Lo mejor que una conciencia puede hacer es decirnos qué está bien y qué está mal y ayudar a llevarnos a un punto donde seamos redargüidos, donde sepamos que necesitamos a Jesús como nuestro Salvador. El Espíritu Santo toma la responsabilidad y nos lleva a un punto donde somos completamente redargüidos, donde aceptamos al Salvador. Entonces, cuando Jesús entra en nuestra vida, la sangre de Jesús limpia nuestra conciencia de manera que no sirvamos a Dios con obras muertas. ¿Conoce el término "obras muertas"? Esta es la forma en que algunas personas tratan de ganarse el favor de Dios. Sabemos que el pecado nos separa de Dios, así que tratamos de hacer obras para volver a Él como si nuestro esfuerzo pudiera salvarnos. Observe esto cuidadosamente: nosotros nunca podremos ganar nuestra salvación. Solamente podemos recibirla. Pero si nuestra conciencia no ha sido limpiada, entonces trabajaremos continuamente para ganarnos el favor de Dios.

Hebreos 9:14 es un pasaje libertador maravilloso: "¿Cuánto más la sangre de Cristo, el cual por el Espíritu eterno se ofreció a sí mismo sin mancha a Dios, purificará vuestra conciencia de obras muertas para servir al Dios vivo?".

Según ese versículo, ¿qué hace la sangre de Jesús? Limpia nuestra conciencia de obras muertas. Somos libres para amar a Jesús de todo corazón, para buscarlo con todo el corazón y para servir al Dios vivo por fe, amor y esperanza (1 Tesalonicenses 1:3).

Cuando seguimos a Cristo, ni siquiera es nuestra conciencia la que nos redarguye del bien y del mal. Esa es tarea del Espíritu Santo que vive dentro de nosotros. A veces, Él podría usar la facultad natural de la conciencia, pero Él la sobrepasa y va más alá. Jesús dijo del Espíritu Santo en Juan 16:8-11: "Y cuando Él venga, convencerá al mundo de pecado, de justicia y de juicio; de pecado, porque no creen en mí; de justicia, porque yo voy al Padre y no me veréis más; y de juicio, porque el príncipe de este mundo ha sido juzgado".

Permítame darle una ilustración de esta acción. Una vez llevé a algunos matrimonios jóvenes a un retiro. Uno de los esposos tenía solamente unas tres semanas de ser salvo. Estábamos todos sentados alrededor de la fogata, compartiendo nuestros testimonios y el varón que había sido salvo recientemente pidió compartir su testimonio. Todos dijeron que sí, así que empezó a compartir su testimonio. Mientras hablaba, buscó en su bolsillo y sacó un cigarrillo y lo encendió.

Definitivamente era algo que uno no ve en la iglesia todos los días. Quiero decir, allí estaba ese hombre, contándonos cuánto amaba a Jesús y que estaba muy emocionado de seguirlo y entre una cosa y otra, él fumaba su Marlboro.

Me acomodé en mi silla con una ligera sonrisa en mi rostro, escuchando el testimonio del hombre y observando calladamente a las otras parejas a mi alrededor. Algunos de ellos habían sido cristianos por un largo tiempo y yo podía notar que no se sentían cómodos. Parecían murmurar: "¿Qué hacemos? ¿Deberíamos decir algo?".

Eso es tarea de la conciencia.

Lo divertido es que mientras más miraba a las otras parejas, mi conciencia también empezó a trabajar. Empecé a pensar que tal vez debería decir algo. Después de todo, yo era el líder. Me preguntaba si debería interrumpir, a medio relato, el testimonio del hombre y decirle que él debía dejar de fumar. Pero, entonces, el Espíritu Santo habló a mi corazón.

Oye, Robert, yo me hago cargo.

No te preocupes.

No pases por alto lo que verdaderamente está sucediendo en la vida de este hombre.

Yo me encargo de esto.

Yo lo salvé. Y también lo santificaré. Pero lo haré en Mi tiempo y a Mi manera.

Empecé a discutir con el Espíritu Santo diciéndole: "Sí, pero ¿qué tal si no lo redarguyes de esto? Los demás en el grupo no van a saber que me hablaste y me dijiste que dejara que este hombre continúe con su testimonio".

Y Dios dijo: *Bueno, si Yo no le digo que está mal, Robert, entonces ¿por qué habrías de decírselo tú?*

Amigo, Dios quiere que nuestra forma de vivir se base en Su voz, no en nuestra conciencia. Sí, tenemos que mantener pura nuestra conciencia (1 Timoteo 1:5; 2 Timoteo 1:3). Pero el énfasis siempre tiene que estar en oír la voz de Dios.

Puede pensarlo de esta manera. ¿Qué pasaría si Dios le dijera que hiciera algo que transgrediera su conciencia? Una vez, estaba hablándole a una mujer sobre este tema y ella dijo: "Usted sabe, creo que jamás haría algo que violara mi conciencia. Dios nunca haría eso". Le pregunté: "¿Quiere decir que el Eterno Creador y Sostenedor del universo está limitado por su conciencia? ¿Qué hay de la historia de Abraham cuando Dios le pidió que sacrificara a su hijo Isaac?". Conocemos el final de la historia de Abraham e Isaac, y vemos en retrospectiva que Dios quería asegurarse que Abraham estaba buscándolo a Él por encima de cualquier cosa. Mi punto era que, principalmente, no debemos ser guiados por nuestra conciencia. Debemos ser guiados por la voz de Dios. Esta es una razón por la que nuestra relación con Dios tiene que ser nuestra máxima búsqueda.

3. Nuestra relación con Dios tiene que ser nuestra máxima pasión.

Nuestra relación con Dios tiene que ser nuestra máxima prioridad, nuestra máxima búsqueda y nuestra máxima pasión.

Prioridad significa que consideramos que tiene importancia máxima.

Búsqueda significa que lo seguimos de manera más cercana. Si estamos en búsqueda de algo, corremos tras ello. Luchamos por ello con todo nuestro ser.

Pasión significa que estimula nuestros mayores sentimientos de amor y devoción. Vamos en búsqueda de algo porque estamos apasionados por ello. Nuestra motivación brota de nuestra pasión.

Me encanta la historia de María y Marta. Lucas 10:38–42 describe cómo cuando Jesús vino a la aldea llamada Betania, las dos hermanas, María y Marta, lo recibieron en su casa. Marta se hizo cargo de todos los preparativos. Limpió la casa. Hizo la comida. Lavó los platos. Puso la mesa. Pero María se sentó a los pies de Jesús y escuchó Su voz, o "escuchaba su palabra" (versículo 39).

Marta se enojó con María y se quejó con Jesús por eso. "Respondiendo el Señor, le dijo: 'Marta, Marta, tú estás preocupada y molesta por tantas cosas; pero una sola cosa es necesaria, y María ha escogido la parte buena, la cual no le será quitada'" (versículos 41–42).

Una frase clave en esos versículos es "una sola cosa es necesaria". Permítame preguntarle esto: ¿Es usted como Marta, preocupado y molesto por tantas cosas? Si lo es, entonces esas cosas le impedirán sentarse a los pies de Jesús y escuchar Su palabra. Usted abrirá su Biblia, pero su mente estará en otra parte. O, quizá, usted no quiera abrir su Biblia. Leerla es lo último en su lista de quehaceres del día, eso que nunca le da tiempo hacer. O quizá encontrarse con Jesús no está dentro de sus metas. Es cristiano, pero al igual que miles de personas a lo largo de los años, quiere que su pastor tenga una relación personal con Dios por usted.

Nuestra relación con Dios tiene que ser nuestra máxima pasión. Y tenemos que priorizar nuestra relación con Él para que así sea. Tenemos que tomar la decisión de poner a Dios primero. Estratégicamente, tenemos que ponerlo a Él primero en nuestra mente, corazón y pensamientos para darle la prioridad debida a Su santo nombre. Los platos sucios pueden esperar. La preparación de la comida puede esperar. Una sola cosa es necesaria, lo que María escogió. Es sentarse a los pies de Jesús, escuchando Su voz.

"SOLO UN CAMINAR MÁS CERCA DE TI"

Hace algunos años, la hija de un amigo cercano fue diagnosticada con cáncer. Ella luchó valientemente, pero se vino abajo lentamente. Mi amigo tiene un número de teléfono que no está en el listado público, y cuando me llama, su número no aparece en el identificador de llamadas.

Un día, recibí una llamada de un número que no salió. Respondí la llamada. La persona que llamó no dijo ni una palabra, ni siquiera "hola". Todo lo que oí al otro lado del teléfono fue llanto; sin embargo, enseguida supe que era mi amigo y supe que su hija acababa de morir.

Le dije que lo amaba. Le dije que lamentaba mucho el dolor profundo por el que estaban atravesando. Y oré por él. Durante toda la llamada, él no dijo ni una palabra. Habíamos sido amigos por más

de treinta años. Yo pude escuchar su llanto y supe que era él y lo que
había sucedido.

Cuando terminé de orar, él susurró "gracias", y luego colgó.

Quiero ser muy cuidadoso de no reducir la historia de la hija de
mi amigo a una simple anécdota. Esta jamás ha sido mi intención.
Ella llevó una vida ejemplar de excelencia, su vida era intensa, profunda y plena. Sin embargo, la historia de su padre y yo en el teléfono, juntos, me recuerda sobre la clase de relación que Dios nos
llama a tener con Él.

Dios quiere que reconozcamos Su voz por la cercanía de la relación que Él tiene con nosotros. Puede ser que haya momentos
cuando Dios ni siquiera use palabras para comunicarse con nosotros.
Podemos percibir Su emoción. Quizá está dolido por una situación.
O quizá esté bendecido por una situación. La invitación que Dios
nos presenta es acercarnos a Él mientras que Él se acerca a nosotros
(Santiago 4:8). El regalo que Él ofrece es una relación con Él: personal, continua e íntima.

En el huerto del Edén, Dios habló personal y diariamente con
Adán y Eva. Inmediatamente después que ellos pecaron, Adán tuvo
temor de escuchar la voz de Dios y de interactuar con Él. Dios estaba profundamente dolido por este cambio en su relación. Sin embargo, cuando Jesús murió en la cruz, Él restauró todo lo perdido en
el Edén, incluyendo nuestra capacidad para hablar personalmente
con Dios y escucharlo.

Como un amigo cercano o un cónyuge, aprendemos a reconocer
la voz de Dios estando con Él y hablando con Él frecuentemente. La
intención de Dios nunca fue que nosotros basáramos nuestra vida
solamente por nuestra conciencia, decidiendo qué está bien y que
está mal o qué es correcto y qué es incorrecto. Fuimos creados para
escuchar y reaccionar a la voz de Dios.

Le aseguro esto: cuando Dios sea nuestra máxima prioridad, búsqueda y pasión, reconoceremos Su voz.

Y cuando no lo escuchemos, entonces solo necesitamos confiar en
Su silencio.

CAPÍTULO NUEVE

ESCUCHE LA VOZ DE DIOS PARA BENEFICIO DE OTROS

Procurad alcanzar el amor; pero también
desead ardientemente los dones
espirituales, sobre todo que profeticéis.
—1 Corintios 14:1

Una noche, estaba en un restaurante cuando un hombre y su esposa entraron, y no pude evitar darme cuenta que el hombre era un fisiculturista enorme. Quiero decir, que tenía los músculos marcados. Él avergonzó a Charles Atlas. Pero lo que más me impactó acerca de su entrada al restaurante fue que tan pronto entraron, escuché al Señor hablarle a mi espíritu sobre ellos, y yo sabía que necesitaba hablar con estos extraños acerca de algo que el Señor quería comunicarles.

¡Guau!

¿Se ha encontrado en una situación similar alguna vez? Usted siente que el Espíritu Santo está hablándole en beneficio de otra persona. Quizá se pregunta si está escuchando realmente la voz de Dios. Siente raro acercarse a alguien que no conoce y decirle: "Oiga, tengo una palabra de Dios para usted". Quizá la persona se ría de usted. O, en el caso de un fisiculturista, tal vez le dé un golpe. Usted no quiere ser rudo y acercarse a alguien y exclamar: "¡Así dice el Señor! ¡Arrepiéntase!". Se pregunta si, después de todo, lo que usted percibió en su espíritu era realmente del Señor. Tal vez le cayó mal la pizza, y lo que le está pasando es indigestión.

Yo he estado en esas situaciones antes y pasé por alto la sensación. Pero tuve que aprender que, si ignoraba esa sensación, entonces, por lo general, Dios no me dejaría tranquilo y eso fue lo que me impresionó allí en el restaurante esa vez. Recuerdo que, si la indicación era verdaderamente del Espíritu Santo, entonces esa sensación no se iría. Así que oré acerca de lo que había percibido y le pedí al Señor que lo confirmara, y la sensación se mantuvo. Tenía suficiente experiencia con la voz de Dios para aquel entonces como para saber que, si la sensación estaba alineada con la Escritura, permanecería; entonces no necesitaba llevarla a cabo.

Mi corazón empezó a latir más rápido. Primero esperé a que la pareja estuviera sentada, luego me acerqué a ellos y, cortésmente, les dije: "Hola, no quiero molestarlos, pero tengo una duda". El hombre asintió, así que yo continué, "soy una persona muy perceptiva, y solo me preguntaba ¿usted ha levantado pesas?".

La pareja río y el hombre respondió: "Sí, un par de veces".

Entonces me puse serio y dije: "no quiero sonar extraño ni nada, pero soy cristiano, y la verdadera razón por la que me acerqué a ustedes es porque sentí como que el Señor me dijo que les dijera algo. ¿Le importaría si se los digo?".

El hombre y su esposa se vieron uno al otro y luego me vieron a mí. Ambos asintieron como una indicación de que yo podía continuar.

Dirigí la mirada hacia el hombre y continué: "Mentalmente, lo vi a usted como un niño pequeño sentado en el regazo de una mujer anciana. Pienso que era su abuela. Usted estaba llorando, y ella tenía una Biblia y le contó la historia de Sansón. Y ella le dijo: 'si vives para el Señor, entonces Dios te hará tan fuerte como Sansón'. Dios quería que yo le dijera que Él ha cumplido con Su parte del trato, pero que usted no ha cumplido con su parte". (Ahora bien, cuando usted le dice algo así de fuerte a Mr. América, necesita estar seguro de haber oído al Señor. Y una forma en que puede hacerlo es siendo amigo de Dios, tal como hablamos antes en este libro. Cuando usted habla siempre con Dios, Él le habla a usted, y aprende a reconocer Su voz).

Bueno, el hombre bajó su cabeza cuando dije eso, y cuando me miró de nuevo, tenía lágrimas en sus ojos. "¿Le gustaría sentarse un momento?", me preguntó. "Quiero contarle algo". Me senté y el hombre continuó: "Mi abuela me crio. Mi mamá era madre soltera y siempre estaba trabajando. Un día, cuando iba caminado a casa de regreso de la escuela, unos muchachos más grandes me lanzaron rocas y me dijeron apodos. Una de las rocas me dio en la cabeza y me cortó. Cuando llegué a casa, mi abuela me abrazó sobre su regazo, y yo estaba llorando. Ella era una creyente fuerte. Sacó su Biblia y me leyó la historia de Sansón. Me dijo que, si yo servía a Dios, entonces Dios me haría fuerte, como Sansón. Oré y le dije a Dios que yo quería eso. Hace solo unos minutos, en el camino al restaurante, le conté por primera vez esa historia a mi esposa. La razón por la que se la conté es que en estos días tengo todo lo que siempre quise. Dinero. Fuerza. Algo de fama. Pero estoy triste. Le dije que necesitamos volver a Dios. Necesitamos arreglar nuestra vida. Necesitamos empezar a ir a la iglesia de nuevo". Justo allí, en la mesa del restaurante, los guie a Cristo. El domingo siguiente, ellos fueron a la iglesia conmigo.

Le cuento esa historia porque, a veces, escucharemos la voz de Dios con el propósito de transmitirle un mensaje a otra persona. Dios podría hablarle a esa persona directamente, pero quizá esa persona no tiene el hábito de escuchar la voz de Dios y si la palabra viene a través de alguien más, entonces en realidad llega con más poder. Al igual que la situación de la pareja en el restaurante, las circunstancias son tan impactantes que no pueden catalogarse como coincidencia. Las personas están más propensas a escuchar a alguien más. Tienden más a saber que Dios les está hablando verdaderamente.

Quizá nunca haya escuchado que puede recibir una palabra del Señor para dársela a otros, y si eso le parece sorprendente, inicialmente, o hasta impactante, está bien. Pida que el Señor abra su corazón en este asunto porque no quiero que se pierda esta verdad importante. Si es creyente, entonces Dios quiere hablarle. A veces, lo que Él diga será para su edificación y, a veces, para otra persona.

A esta experiencia de escuchar la voz de Dios para el beneficio de otros, *profecía*. Es un don que Dios le da a los creyentes a través del poder de Su Espíritu Santo. Y si usted tiene el hábito de escuchar la voz de Dios, entonces es un don que Él le da a usted.

LA PROFECÍA ES PARA USTED

A veces, los cristianos se preocupan cuando oyen la palabra *profecía* porque en el pasado, este concepto ha sido abusado; y, en realidad, hay más de una manera en que podemos usar la palabra hoy día, así que necesitamos definirla cuidadosamente.

Quizá usted esté razonablemente preocupado porque, alguna vez, alguien se le acercó después de un servicio de la iglesia y le dijo: "Oiga, tengo una palabra del Señor para usted". Pero lo que él o ella dijeron fue desalentador, perturbador y raro, no alineado a la Escritura y usted está muy seguro que lo que la persona dijo no venía del Señor. O quizá usted haya leído algo o visto algo en las noticias acerca de cómo un líder zalamero se declaró a sí mismo profeta y ha emitido una predicción apocalíptica de cómo, supuestamente, el mundo va a desaparecer en cierta hora y cierto día, o acerca de cómo Jesús regresará supuestamente en cierta hora y cierto día, o la manera en que las plagas exterminarán a la humanidad, o que los marcianos vendrán a la tierra en una nave espacial y nos llevarán con ellos. Era como el susto del Y2K, pero con implicaciones espirituales, y la predicción no se cumplió. Entonces, ¿ahora qué?

En el sentido más estricto de la palabra, los profetas en el Antiguo Testamento predecían el futuro, y Dios requirió en la Escritura que el cien por ciento de todo lo que decían los profetas tenía que suceder. Si no era así, aun si el profeta tenía un promedio verdaderamente alto, algo como nueve de diez, entonces se le daba muerte como un falso profeta, un crimen enormemente serio. Ese era un requisito muy riguroso. Absolutamente todo lo que un profeta predecía tenía que suceder, de lo contrario lo mataban (Deuteronomio 18:20–22), hasta allí llegaban.

De manera similar, en muchas partes del Nuevo Testamento, se nos advierte sobre los falsos profetas. Así que está bien mantener en alto nuestra guardia y estar discerniendo cuando la gente diga que tiene una palabra del Señor para nosotros. Estos profetas superficialmente podrían verse bien y sonar bien o hacer buenas cosas, pero si lo que ellos dicen no está alineado con el evangelio de Jesucristo o el resto de la Escritura, entonces tenemos que tener cuidado con ellos.

En Mateo 7:15, Jesús les advirtió a sus seguidores acerca de tales personas, diciendo: "Cuidaos de los falsos profetas, que vienen a vosotros con vestidos de ovejas, pero por dentro son lobos rapaces". En

2 Corintios 11:13–14, Pablo comparó la obra de los falsos profetas con la de Satanás, diciendo: "Porque los tales son falsos apóstoles, obreros fraudulentos, que se disfrazan como apóstoles de Cristo. Y no es de extrañar, pues aun Satanás se disfraza como ángel de luz". Pablo emite otra advertencia en Gálatas 1:8 diciendo: "Pero si aun nosotros, o un ángel del cielo, os anunciara otro evangelio contrario al que os hemos anunciado, sea anatema".

De manera que necesitamos ser precavidos con personas que hacen predicciones acerca del futuro, particularmente si estas predicciones no se alinean con la Escritura revelada. Jesús dijo cuatro veces en el Nuevo Testamento que nadie sabía el día ni la hora de la venida del Señor.[1] Eso termina con esa discusión y no hay más que decir al respecto. Y debemos asegurarnos absolutamente de que cualquier cosa que un profeta diga esté alineada con el evangelio.

Sin embargo, pongamos estos abusos a un lado por un momento porque la otra forma de usar la palabra *profecía* —el sentido más general de la palabra que es el sentido en el que yo lo estoy usando— es bíblico y algo para que todos nosotros nos enteremos. En el sentido más general de la palabra, *profecía* es un mensaje de ánimo del Señor que nosotros le damos a alguien. Un profeta es alguien que habla y enseña las palabras de Dios. En este sentido, un pastor o líder que abre su Biblia y predica de la palabra revelada de Dios en las Escrituras es un profeta. En este sentido también, un cristiano que es animado por el Espíritu Santo a hablar o actuar de cierta manera le ha sido dado el don de la profecía. (Se ha explicado, convenientemente, que la *profecía* puede ser un presagio o una predicción de la palabra de Dios).

La palabra hebrea para *profeta* usada en el Antiguo Testamento es *nabi*. Significa "el que anuncia"[2]. Es una palabra general, amplia. En Génesis 2:7, a Abraham se le llamó "profeta" (nabi), y aunque generalmente no pensamos en Abraham como un profeta, la Biblia lo llama así en este uso más general de la palabra. Él era un amigo de Dios (Santiago 2:23), y Dios le hablaba, y él pasó esa enseñanza a otros.

La palabra griega para *profeta* usada en el Nuevo Testamento es *prophetes*. Significa, "el vocero de Dios", o "alguien que dice el mensaje de Dios para una situación en particular".[3] Jesús es percibido como un "profeta" por la mujer en el pozo en Juan 4:19. La misma palabra se usa en 1 Corintios 12:28, donde: "en la iglesia, Dios ha designado: primeramente, apóstoles; en segundo lugar, profetas; en tercer lugar, maestros; luego, milagros; después, dones de sanidad, ayudas, administraciones, diversas clases de lenguas".

Algunos eruditos creen que el don de profecía ya se ha terminado en estos días, pero yo no veo eso en la Escritura, particularmente en los dos pasajes que acabo de mencionar y especialmente si tomamos en consideración la amplia perspectiva de la palabra y su don. Los profetas de hoy día deben decir las palabras del Señor e instruir, consolar, animar, reprender y redargüir. Y cuando un profeta habla en una iglesia, la Escritura es clara al decir que sus palabras deben ser evaluadas porque no están al mismo nivel que la Escritura inspirada. Primera Corintios 14:29 dice: "Y que dos o tres profetas hablen, y los demás juzguen".

Otros eruditos creen que, en la actualidad, el don de la profecía es lo mismo que el don de enseñanza o predicación porque los dos dones, esencialmente, cumplen la misma tarea: ayudar a los demás a oír de Dios. Y es cierto que los dones de predicación, enseñanza y profecía son muy similares. Sin embargo, yo diría que una persona puede profetizar en la iglesia sin que eso sea necesariamente un sermón. Y una persona puede enseñar una clase dominical, por ejemplo, sin haber dado un mensaje de Dios para una situación en particular. Entonces, aún es necesario mencionar la diferencia.

Algo más que notar es que la Escritura claramente dice que los profetas pueden ser tanto hombres como mujeres. En Hechos 21:8–9, Felipe, el evangelista, tenía cuatro hijas solteras que profetizaban y su función se consideraba de bendición y era bien recibida por la iglesia primitiva.

Entonces, veamos más de cerca este don de la profecía, esta experiencia de escuchar la voz del Señor para el propósito de impartir

Su mensaje a los demás. Estas son las tres distinciones bíblicas que se aplican a nosotros.

1. Todos los cristianos pueden escuchar a Dios para la edificación de los demás.

Cuando recibimos al Espíritu Santo —y a medida que le rendimos nuestra vida, y Él la llena e influencia— Él camina junto a nosotros animándonos, guiándonos, afirmándonos. Él no quiere estar callado. Él quiere tener una relación con nosotros íntima y comunicativa. A medida que caminamos con Él, nos hablará y nos dará palabras o impresiones para animar a otros.

Es necesario hacer una leve diferencia en esta distinción. Todos los cristianos pueden profetizar, aunque no todo creyente tiene el don específico de profecía. Si eso le parece contradictorio, espere; explicaré lo que quiero decir. Está claro que Dios no le da todos los dones espirituales a cada creyente. Por ejemplo, sabemos que no todo cristiano tiene el don de administración porque hay muchos cristianos que no saben nada de organización, supervisión o administración espiritual. Y eso está bien porque teniendo dones diferentes todos aprendemos a funcionar en unidad como iglesia. En 1 Corintios 12:12–31, Pablo presenta una imagen de creyentes con diferentes dones–tal como el cuerpo humano tiene diferentes partes, así funcionan todos los dones juntos por la unidad en la iglesia. "El ojo no puede decirle a la mano: 'No te necesito'. Ni puede la cabeza decirles a los pies: 'No los necesito'" (versículo 21, NVI). Entonces, claramente hay diferentes dones que se les dan a diferentes creyentes, y no todos los creyentes tienen los mismos dones.

¿Qué es lo específico del don de la profecía? Pablo, en Efesios 4:11–12, lo describe así: "Y Él dio a algunos el ser apóstoles, a otros profetas, a otros evangelistas, a otros pastores y maestros, a fin de capacitar a los santos para la obra del ministerio, para la edificación del cuerpo de Cristo". En este pasaje se hace una lista de dones específicos dados a los creyentes para hacer la obra del ministerio. Este versículo es útil porque en él podemos ver esta doble verdad de que no todo creyente tiene un don específico, pero todo creyente está llamado a andar en ciertas áreas. Por ejemplo, no todos los creyentes tienen el don específico de ser evangelistas, aunque todos los creyentes están llamados a evangelizar a los demás. No todos los creyentes tendrán un don específico para ser pastor, aunque todos los creyentes están llamados a pastorear a otros. No toda la gente tendrá el don específico de la profecía, aunque todos los cristianos pueden escuchar a Dios para la edificación de los demás. Entonces, cualquier cristiano puede darle a alguien un mensaje de ánimo de parte del Señor, independientemente de si él o ella tiene el don específico de profecía.

Uno de los pasajes fundamentales para considerar aquí es Números 11. En este pasaje, Moisés ha estado haciendo mucho del trabajo: dirigir a los israelitas por sí mismo y estaba cansado y desgastado. Él hasta le pidió a Dios en oración que lo matara. Sin embargo, Dios dijo que Moisés había cometido un error clásico de liderazgo: él no había delegado. Trató de llevar la carga solo. Lo que Moisés necesitaba hacer era elegir algunos ancianos que le pudieran ayudar a llevar la carga y a dirigir al pueblo junto con él.

Entonces, Moisés hizo eso. Con la guía del Señor, Moisés reunió setenta hombres y el Espíritu del Señor descansó sobre estos hombres y ellos ayudaban a Moisés. "Entonces el Señor descendió en la nube y le habló; y tomó del Espíritu que estaba sobre él y lo colocó sobre los setenta ancianos. Y sucedió que cuando el Espíritu reposó sobre ellos, profetizaron; pero no volvieron a hacerlo más" (versículo 25).

No podríamos clasificar a estos setenta ancianos como personas que tuvieron un don perdurable de profecía, un don que usaban con regularidad con mucha de la gente que conocían. Sin embargo, ellos profetizaron por un tiempo. Ese es un ejemplo de personas usando un don, pero sin tenerlo específicamente.

A todos se nos dice que profeticemos. En 1 Corintios 14:1, Pablo nos recuerda: "procurad alcanzar el amor; pero también desead ardientemente los dones espirituales, *sobre todo que profeticéis*". ¿Por qué le diría Pablo a los creyentes que lo hicieran si no todos los creyentes podían hacerlo? ¿Por qué nos diría la Biblia que tengamos un deseo de algo que solamente es para unos pocos escogidos? La respuesta es que todos debemos profetizar en la medida que el Señor lo permita. El otorgará el don específico a unos pocos creyentes. Y Él dará la habilidad general a todos los creyentes.

Otro versículo fundamental es Hechos 2:17-18. Pedro estaba predicando en Jerusalén y citó al profeta Joel:

"Y sucederá en los últimos días —dice Dios—
que derramaré de mi Espíritu sobre toda carne;
y vuestros hijos y vuestras hijas profetizarán,
vuestros jóvenes verán visiones,
y vuestros ancianos soñarán sueños;
y aun sobre mis siervos y sobre mis siervas
derramaré de mi Espíritu en esos días, y profetizarán.

Permítame decírselo: estamos en esos últimos días. Dios ha derramado Su Espíritu sobre nosotros, tanto hombres como mujeres pueden profetizar, escuchar la palabra del Señor y difundir un mensaje de Dios. En ese sentido, todos podemos profetizar. Todos los cristianos pueden escuchar a Dios para la edificación de los demás.

2. La profecía nunca es manipuladora

La profecía nunca se trata de hacer que los demás hagan lo que nosotros queremos. Es demasiado fácil acercase a alguien y decir: "Hola, el Señor me dijo que le dijera esto y lo otro", cuando solamente estamos dando nuestra opinión a la otra persona y luego añadimos "así dice el Señor" para fortalecer nuestra opinión.

La Escritura presenta advertencias fuertes para aquellos que hagan mal uso del nombre de Dios en esta manera. En Jeremías 23:25-26, se cita a Dios como diciendo: "He oído lo que dicen los profetas que profetizan mentira en mi nombre, diciendo: ¡He tenido un sueño, he tenido un sueño!'. ¿Hasta cuándo? ¿Qué hay en los corazones de los profetas que profetizan la mentira, de los profetas que proclaman el engaño de su corazón...?".

En los versículos 30 al 31, Dios añade: "'Por tanto, he aquí, estoy contra los profetas' —declara el Señor— 'que se roban mis palabras el uno al otro. He aquí, estoy contra los profetas' —declara el Señor— 'que usan sus lenguas y dicen: *El Señor declara*'".

Está claro. Si solamente decimos cualquier cosa que se nos ocurre y añadimos: "Eso es lo que Dios dice acerca del asunto", entonces Dios dice que no está bien, y Él nos advierte que no lo hagamos. Un ejemplo de esta acción se da en Ezequiel 22:28. "Y sus profetas los han recubierto con cal, viendo visiones falsas y adivinándoles mentiras, diciendo: "Así dice el Señor Dios", cuando el Señor no ha hablado".

Uno de los diez mandamientos, el tercero, dice que no debemos tomar el nombre del Señor en vano (Éxodo 20:7). Cuando lo aplicamos a esta enseñanza, tendemos a relegar el mandamiento solo para prohibir el uso del nombre de Dios como una palabra para maldecir. Ahora bien, definitivamente yo no creo que debamos usar el nombre de Dios como una palabra para maldecir, sino que creo que el mandamiento es mucho más amplio que eso. La palabra *vano* está cercanamente asociada con vanidad. Si una persona es vana o tiene vanidad, entonces eso significa que la persona es egocéntrica al punto de ser egoísta y estar obsesionada consigo misma. Con esta definición en mente, usar el nombre de Dios en vano significa usar el nombre de Dios por razones egoístas. Significa que usamos el nombre de Dios con nuestra voluntad al frente. Usamos el nombre de Dios para motivos egoístas.

Un amigo vio el desenvolvimiento de un incidente en su iglesia cuando un hombre soltero, mayor, se acercó a una mujer joven, soltera, y le dijo que había recibido una palabra del Señor para ella. La mujer le preguntó qué era. El hombre mayor le dijo que el Señor le había dicho que ella debía casarse con él y darle muchos hijos. El hombre mayor y la mujer joven no estaban saliendo juntos, apenas se conocían. Cuando la mujer se quejó, el hombre insistió y no quería recibir un no por respuesta. Él empezó a andar cerca del apartamento de ella y a llamarla a todas horas, dejando mensajes que decían que ella tenía que obedecer al Señor. Finalmente, la mujer llevó el asunto a los ancianos de la iglesia quienes confrontaron al hombre y le dijeron que la dejara en paz. En el asunto del matrimonio, donde todo importa, el Señor ciertamente guiará; aun así, el Señor debe hablar con ambas partes y si la respuesta de la mujer es no, entonces es no. Lo que este hombre estaba haciendo no era actuar en profecía, sencillamente era acoso.

Un factor importante acerca de las palabras del Señor que se necesita tomar en consideración siempre es: confirmación. Si una persona tiene una palabra del Señor para usted, entonces Dios la confirmará en su propio espíritu. Él no lo dejará fuera del asunto. Ya hemos discutido la manera en que Dios es un amigo, y Dios, como amigo, nunca le dirá algo importante sobre su vida a alguien sin decírselo a usted también. Primera Corintios 14:32–33 dice: "Los espíritus de los profetas están sujetos a los profetas; porque Dios no es Dios de confusión, sino de paz, como en todas las iglesias de los santos".

El personal en mi iglesia sabe que yo oro extensivamente sobre qué predicar cada fin de semana. De hecho, cuando las personas se acercan a mí y dicen: "Hola, pastor Robert, ¿podría predicar una serie sobre este tema?". Yo les respondo: "Me encantaría, pero usted necesita hablar primero con mi Jefe porque yo no elijo el tema a predicar. Él lo hace".

Una vez, recibí una llamada de nuestros ancianos y él dijo: "Hola, pastor Robert, estaba orando por usted esta mañana y tuve una fuerte impresión del Espíritu Santo acerca de lo que debería predicar en la próxima serie. Entiendo que Dios le habla a usted sobre estos asuntos, pero fue tan fuerte que sentí que debía llamarlo. El Espíritu Santo me indicó que en enero usted podría predicar una serie sobre esto". Y me dijo el tema.

Por un minuto, pensé que el hombre me estaba tomando el pelo porque yo acababa de salir del salón después de una conferencia con nuestro equipo de medios donde les informé que iba a predicar sobre ese tópico exactamente, el mes siguiente. Le pregunté: "¿Acabas de estar en las oficinas de la iglesia? ¿Acabas de hablar con alguien?". Él dijo que no.

Eso es confirmación.

3. La profecía es alentadora

A Dios le preocupa nuestros motivos y actitud cuando compartimos con la gente. La profecía edifica a las personas. No las destroza. Primera Corintios 14:3 es un versículo fundamental en esta materia. "Pero el que profetiza habla a los hombres para edificación, exhortación y consolación".

La profecía está diseñada para animar a la gente, y cada palabra pronunciada tiene que estar alineada con la Biblia. La palabra *animar* significa: "dar a alguien ánimo, energía moral o confianza". Entonces, una palabra de ánimo significa que usted debe darle energía moral o confianza a la persona. No ponga temor en las personas. Es muy sencillo.

Primera Corintios 13:41 incrementa esta enseñanza: "Porque todos podéis profetizar uno por uno, para que todos aprendan y todos sean exhortados". La profecía es para que todos puedan conocer las palabras e intenciones de Dios. Cuando profetizamos, debemos compartir la palabra de Dios con otras personas para que ellas sean animadas. Aun cuando yo le estaba diciendo al fisiculturista que él no había cumplido con su parte del trato en caminar con el Señor, lo estaba haciendo a manera de darle ánimo. Yo no estaba condenando al hombre. Estaba afirmando la decisión que él ya había tomado, animándolo a andar en una manera digna del Señor.

Barnabé es un líder famoso en la Biblia. Hechos 4:36–37 menciona cómo fue que le dieron este nombre: "Por ejemplo, había un tal José, a quien los apóstoles le pusieron el sobrenombre Bernabé (que significa 'hijo de ánimo'). Él pertenecía a la tribu de Leví y era oriundo de la isla de Chipre. Vendió un campo que tenía y llevó el dinero a los apóstoles" (NTV).

Aquí vemos a este hombre llamado José, a quien todos le decían Hijo de Ánimo, y una de las primeras cosas que leemos de él es que vendió un campo y les dio el dinero a los apóstoles. Esa, allí mismo, es una acción bastante alentadora, no egoísta. Luego en Hechos 11:22–23, leemos más acerca de cómo su nombre y sus acciones coincidían: Y la noticia de esto llegó a oídos de la iglesia de Jerusalén y enviaron a Bernabé a Antioquía, el cual, cuando vino y vio la gracia de Dios, se regocijó y animaba a todos para que con corazón firme permanecieran fieles al Señor".

Ese es un versículo poderoso porque dice que cuando Bernabé llegó y vio la iglesia en Antioquía, vio mucha gracia. Romanos nos dice que donde abunda el pecado, la gracia abunda aún más. Así que Bernabé pudo haberse enfocado en sus pecados, pero decidió enfocarse en la obra de Dios en la vida de ellos, en la gracia. Él los animó a permanecer fieles al Señor".

Hechos 15:30–32 continua este pensamiento: Así que ellos, después de ser despedidos, descendieron a Antioquía; y reuniendo a la congregación, entregaron la carta; y cuando la leyeron, se regocijaron por el consuelo que les impartía. Siendo Judas y Silas también profetas, exhortaron y confortaron a los hermanos con un largo mensaje". El texto no dice que los apóstoles corrigieron, reprendieron y destrozaron a la iglesia. Dice que exhortaron y confortaron a los hermanos. Ese es el ministerio de profecía.

¿Cuántas veces ha pensado en llamar a alguien o enviarle una nota o una tarjeta solo para animar a esta persona? Es muy posible que usted ya esté escuchando a Dios porque ¿de dónde podría venir ese pensamiento? No vino del diablo. Cada vez que tiene un pensamiento para animar a alguien en el Señor, usted está escuchando a Dios.

Una mañana, hace algunos años, en el mes de agosto, tuve un sueño específico acerca de un amigo mío, un pastor que está en otra ciudad. El sueño era tan fuerte que lo recordé perfectamente al despertar. Me levanté y me vestí para salir a caminar, por lo general, es lo primero que hago cada mañana. Mientras caminaba, oré por mi amigo y Dios siguió poniendo en mí la necesidad de orar por él. Por lo regular, en mis caminatas, oro por la iglesia, mis hijos, mi esposa y mis otros amigos y todo tipo de cosas. Pero ese día pasé todo mi tiempo en oración por mi amigo. No estaba seguro por qué debía orar; solo oré que Dios lo animara y fortaleciera.

Bueno, la vida se pone ocupada como muchas veces pasa, y después de mi caminata no pensé en llamar a mi amigo. Pero unas semanas después, me vino a la mente de nuevo, así que lo llamé. Le conté sobre el sueño y acerca de haber orado por él y hablamos por un rato. Resultó que su padre había muerto. Fue exactamente el día en que yo había soñado con él y orado por él. Mi amigo dijo que, aunque el día de la muerte de su padre había sido triste, él sintió que había personas orando por él y eso lo había animado grandemente.

UNA PALABRA DEL SEÑOR PUEDE CAMBIARLO TODO

El pastor Alec Rowlands, en su útil libro *La presencia*, cuenta acerca de una vez cuando escuchó una palabra del Señor por medio de otra persona. Sucedió muy al inicio de su ministerio en *Westgate Chapel* en Seattle, la ciudad más grande del Pacífico noreste, una de las regiones menos religiosas de los Estados Unidos. Alec y su esposa, Rita, habían estado en la iglesia durante cuatro años, y los encantos de la etapa de contratación habían terminado, ahora sentían desánimo y frustración.

La iglesia parecía estar atrapada en la rutina. Alec había predicado sobre la oración y enfatizado constantemente la necesidad y el asombro de estar en la presencia de Dios; sin embargo, la respuesta de la congregación parecía poco entusiasta, incluso reprimida. Cerca de mil trescientas personas asistían a la iglesia en aquellos tiempos, pero solo treinta personas aproximadamente podían ser persuadidas de llegar a cada reunión de oración a media semana.

Un aletargado domingo de verano, durante el servicio de las nueve de la mañana todo parecía estar saliendo como planificado. La congregación cantó algunos cantos de adoración. Alec presentó a un misionero visitante. Se dio la ofrenda. Alec dio el sermón. El domingo parecía como cualquier otro. El servicio de las once de la mañana empezó de la misma forma. Sin embargo, algo cambió.

Justo después de la parte de adoración del servicio, un hombre en el balcón permaneció de pie. Alec sabía que él era un hombre consagrado. Él y su familia habían estado involucrados en la iglesia por varios años, y el hombre estaba en comunión con otros creyentes consagrados en la iglesia y demostrablemente bajo la autoridad del liderazgo de la iglesia. Alec lo conocía como un hombre de oración con un tremendo corazón por la adoración.

El hombre empezó a hablar desde el balcón. Tener disertaciones no planificadas como esta no era un suceso regular en *Westlake*, aunque sí había sucedido una que otra vez. El hombre no estaba hablando frenéticamente o con euforia, así que Alec lo dejó continuar. El hombre sencillamente habló con referencia a Lucas 8:4–12, acerca de que varios "suelos" estaban presentes en la congregación, es decir, que la gente era espiritualmente receptiva en diferentes capacidades. El hombre dijo que la palabra de Dios estaba avanzando, y animó a la congregación a que ese suelo receptivo encontraría una razón para regocijarse, y que Dios traería el fruto de la palabra plantada en un buen suelo. Luego, el hombre se sentó.

Alec describió lo que vio:

Cuando el hombre se sentó, vi a la congregación; y, al día de hoy, encuentro difícil explicar lo que vi. La mayoría de la congregación, primer nivel y balcón, estaban llorando. Algunos, de manera espontánea, se reunieron en grupos pequeños por todo el santuario y empezaron a orar. Otros, se quedaron de pie, con los ojos cerrados y su rostro hacia el cielo. Otros más, levantaron sus manos a Dios, como un niño pequeño alcanzando el amor de un padre. Varios cientos salieron de su lugar para ir al área del altar donde se arrodillaron a orar. Nadie había dado indicación alguna desde el púlpito. Estaba preocupado de que cualquier cosa que hiciera o dijera podría interrumpir la obra que, tan obviamente, Dios estaba haciendo. Después de un largo rato, tomé el micrófono y dije: "Dios no ha terminado y no vamos a interferir con lo que está haciendo. Por favor, continúen con su corazón abierto y rendido a Él". Me senté. Durante los siguientes cuarenta y cinco minutos Dios tomó el control. No prediqué. No presenté misioneros. El solista no cantó. No recogimos ofrenda. Todos nos pusimos a orar. Finalmente, aquellos que habían estado en el altar, regresaron a sus lugares, tomé el micrófono e hice el llamado al altar para aquellos que nunca habían entregado su vida a Cristo. Veinticinco personas pasaron al frente. Ese servicio normalmente terminaba a las 12:30. Era la una de la tarde y el santuario seguía lleno. Nadie quería irse. A las dos, había más de la mitad de las personas. La gente permanecía en oración silenciosa y adoración. La presencia de Dios entró de manera inusual aquel día.

Con el respaldo del consejo, el siguiente domingo hicimos el llamado para una asamblea solemne que se llevaría a cabo en la iglesia el siguiente miércoles por la noche [reunión de oración]. En base a mi registro de asistencia, recuerdo haber pensado que estaría feliz si llegaban cien personas. Puede imaginarse mi sorpresa ese miércoles por la noche, cuando al salir de mi estudio hacia el santuario me encuentro totalmente lleno el primer piso y el balcón de nuestra iglesia. Para mí fue una confirmación tal de que esto era algo de Dios.[4]

Más de veinticinco años después, Alec describió cómo esa palabra del Señor a través del hombre en el balcón funcionó como un punto de decisivo para la iglesia completa. Después de eso todo cambió. La oración cambió. La adoración cambió. La atmósfera en la congregación cambió. El personal cambió. Desde ese punto en adelante, hasta el día de hoy, en esa iglesia continúa un énfasis sobre la oración.

Mi amigo, el Espíritu Santo camina a la par nuestra. Él habita en nosotros, guiándonos a toda verdad. Él no quiere estar callado; Él quiere tener una relación íntima, comunicativa, con nosotros. A medida que andemos con Él, nos hablará y nos dará palabras y, a veces, estas palabras serán para nosotros. Otras veces, esas palabras serán para la edificación de los demás. La profecía nunca debe ser manipuladora ni utilizada para fines egoístas. Es otra confirmación más de que Dios está trabajando en medio de nosotros.

Mi oración para todos nosotros es que aprendamos a escuchar la voz de Dios claramente y luego respondamos con confianza a las impresiones que recibimos del Espíritu Santo. Que todos seamos hijos e hijas de ánimo, agradables, para la gloria de Su nombre. Amén.

CAPÍTULO DIEZ

ESCUCHE LA VOZ DE DIOS PARA AVANZAR

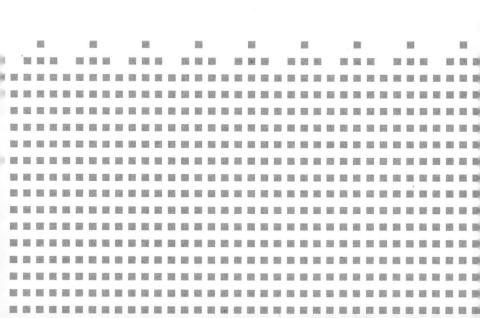

Así también la fe por sí misma, si
no tiene obras, está muerta.
—Santiago 2:17

Mencioné que Gateway es una iglesia con múltiples sedes, de aproximadamente treinta mil asistentes semanales. Actualmente, nuestro personal consta de más de setecientas personas, y confieso que no los conozco a todos personalmente, aunque cada uno de ellos es valioso para mí y estoy contento de que trabajen con nosotros.

Uno de los miembros de nuestro personal —la voy a llamar "Elena" (aunque ese no es su nombre verdadero)— trabaja como asistente administrativa. Ella y su esposo tienen dos hijos pequeños y la familia estaba atravesando momentos difíciles financieramente. A los hijos ya no les quedaba la ropa y Elena no sabía de dónde saldría el dinero para comprarles nueva. (La iglesia paga salarios competitivos, no se preocupe. El problema surgió por unos cobros inesperados que les llegaron). Ella necesitaba abrirse camino financieramente.

Al principio, Elena pensó que sería prudente poner la ropa de sus hijos en una caja y llevarla a una tienda de consignación a ver si podía obtener un poco de dinero extra. Pero la mañana en que se había propuesto hacerlo, durante su devocional, escuchó claramente la voz del Señor en su corazón. *Da un paso de fe*, dijo Dios. *Regálale esta ropa a otra madre joven que la necesita, y regálala primero. No te preocupes. Confía en Mí en esto. Pues este mismo día, me haré cargo del dinero que necesitas para la ropa nueva de tus hijos.*

"Fue una palabra tan clara", dijo Elena. Ella hizo exactamente eso. Camino al trabajo esa mañana, le llevó la ropa a una madre joven y se la regaló. Luego, esperó en oración con los brazos bien abiertos en adoración. (Estoy usando lenguaje figurado para describir la adoración que se dio en su alma). Elena siguió su rutina en la oficina. No le contó nada a nadie. Oró en su espíritu y adoró en su corazón, y creyó que Dios proveería para ella y que así sería cada día.

Esta es la parte divertida de la historia. Unos meses antes, yo también escuché claramente la voz del Señor. *Quiero darle un bono a cada asistente administrativo en Gateway, Robert.*

Así lo hice. Arreglé que se dieran los bonos por medio de nuestro comité de compensación y los ancianos. Esto toma un tiempo. El procedimiento normal es que una notificación como esta va a través de los miembros de nivel asociado del personal y los pastores, quienes son los supervisores directos de los asistentes administrativos. El personal de nivel asociado era el encargado de comunicar el mensaje.

Todavía hay otra parte divertida en esta historia. Mi hijo es parte del personal de Gateway, y Elena trabaja en su departamento. Mi hijo tenía programado enseñar en una conferencia ese día (el mismo día que Elena escuchó al Señor), lo que significaba que él no iba a ir a la oficina. Sin embargo, de alguna manera, él también se sintió guiado por el Espíritu para hacer algo especial. Era pasar por la oficina antes de irse a la conferencia. Mi hijo le entregó la nota a Elena el mismo día que ella oyó al Señor. Antes de que el día terminara, Elena sabía que el dinero extra estaba disponible. Fue el tiempo perfecto. Elena dio un paso de fe y Dios había provisto.

Yo creo que todo cristiano anhela que el Señor le abra camino de manera similar. Anhelamos oír claramente la voz de Dios. Queremos que Dios nos hable en relación a algún área que nos preocupe.

Quizá estemos orando por más fe. Anhelamos que el camino se abra para que tener un tiempo devocional no sea más una dificultad. O queremos una perspectiva nueva y entendimiento espiritual sobre un tiempo o evento difícil en nuestra vida.

Quizá estamos orando por nuestra familia; queremos tener una relación más cercana. O estamos orando por hijos obstinados. O quizá sean solteros y anhelen un cónyuge.

Tal vez estamos orando para que se abra un camino en nuestras finanzas. Ya sea administrar mejor nuestro dinero o ganar más dinero y ya no luchar tanto; de cualquier manera, deseamos escuchar la voz de Dios en esta área.

Quizá oramos por liberación en algún área de nuestra vida donde hay una atadura o fortaleza. Queremos ser libres de la ira, amargura, resentimiento o lujuria.

Quizá anhelamos que la situación mejore en el trabajo o en la relación con una amistad.

Mírelo de esta forma: muchos de nosotros, en algún momento, hemos usado un taladro para perforar una pieza de madera. Estamos barrenando y empujando, y necesitamos ponerle presión; y luego, de repente, el barreno pasa al otro lado de la regleta, y ya no hay resistencia. Eso es lo que Dios puede hacer en cada área de nuestra vida. Dios abre caminos a través de un problema o situación para llevarnos a un lugar de sabia experiencia y entendimiento, fe, esperanza o resolución. A veces se resuelve un problema y a veces no, pero el problema ya no tiene el mismo peso que antes. Se aligera una carga y un yugo se vuelve liviano. Una nueva oportunidad llega a nuestro camino. Hay una solución a mano. Se abre una puerta. Se aclara el camino hacia adelante.

¿Le gustaría que se abriera una brecha en algún área de su vida que ha sido difícil? En esta área, usted ha necesitado empujar y luchar, y ha encontrado resistencia, pero ahora hay esperanza. Dios nos invita a escuchar Su voz para abrir brecha. Recordémonos a nosotros mismos que escuchar Su voz para abrir brecha definitivamente no es un proceso de máquina tragamonedas. No metemos una moneda y sale una respuesta. Es un proceso de relación, un proceso de amistad, el proceso de un Rey y Su siervo, el proceso de un Padre y Su heredero; el proceso de un Amante y Su amado.

¿Está anhelando que se abra una brecha?

Dios lo invita a un caminar más cercano con Él. Allí es donde se encontrará su brecha abierta.

El Señor que abre brechas

Me encanta la historia en 1 Crónicas 14, donde David había sido ungido rey sobre Israel. Tan pronto sucedió eso "todos los filisteos subieron en busca de David" (versículo 8). Esa no es la parte de la historia que me encanta. Significa que los enemigos ahora iban tras el rey David y la lección allí es que tan pronto como el enemigo oye que algo bueno ha sucedido en su vida, él le ataca. No tenemos que temerle a esta oposición.[1] Tenemos a Cristo y mayor es el que está en nosotros que el que está en el mundo (1 Juan 4:4).

Lo que me encanta en esta historia es la reacción de David. La Biblia dice que "cuando David se enteró, salió contra ellos" (1 Crónicas 14:8). Los filisteos primero saquearon el valle de Refaim. "David consultó a Dios, diciendo: ¿Subiré contra los filisteos? ¿Los entregarás en mi mano?" (v. 10); lo que quería decir era "¿debo enfrentarlos en batalla? Esencialmente, lo primero que David hizo fue hablar con Dios. En medio de su necesidad de una brecha abierta (esta vez en contra de sus enemigos), David le preguntó al Señor y pidió escuchar la voz del Señor sobre un asunto específico.

Esa es la clave para practicar la fe. Hay un versículo famoso que dice: "Así que la fe proviene del oír, y el oír proviene de la palabra de Dios" (Romanos 10:17, RVC). Por supuesto, ya tenemos la Palabra revelada de Dios, sesenta y seis libros de Palabra revelada. ¿Queremos escuchar la Palabra de Dios? Entonces necesitamos abrir nuestra Biblia y leer. Sin embargo, tal como lo hemos discutido a lo largo de este libro, a veces, queremos también una palabra específica de parte de Dios. Tenemos la Biblia, y ya estamos leyéndola, pero Dios ha estado callado sobre un asunto del cual la Biblia no habla directamente. Entonces, nos preguntamos cómo debemos actuar. ¿Qué hacemos? ¿Qué dirección tomamos? ¿Qué decidimos? En un tiempo como este es que se nos invita a pedirle a Dios que nos hable específicamente. Anhelamos escuchar la voz de Dios. A veces, Dios nos hablará usando una porción específica de la Escritura, señalando nuestra atención hacia ella. A veces, Dios hablará a nuestro corazón dándonos un empujoncito, inclinándonos a eso. Esto es difícil de cuantificar, aun así, Dios habla de todos modos.

Un amigo y su esposa recibieron una llamada a las tres de la mañana. Unos amigos de ellos iban a tener un bebé, y él era especialmente cercano al esposo, mi amigo se levantó y se preparó para ir al hospital. Mientras se apresuraba recogiendo esto y aquello, pensó para sí: *¿Qué carro me llevo?* Mire, él tenía un carro propio y un carro diferente que era propiedad de su empresa. Él era el dueño de la empresa, y generalmente, manejaba el carro de la empresa para ir a trabajar. Pero no sabía cuánto tiempo iba a estar en el hospital. Si conducía al hospital y de allí al trabajo, entonces debería llevarse el carro de la empresa. Pero si regresaba a casa primero, entonces sabía que debía llevarse el carro personal.

En medio de todo este ajetreo, el Señor le habló y dijo: *¿Por qué no me preguntas a Mí que carro llevar?*

Entonces accedió, se sentó y oró. Su esposa le preguntó qué estaba haciendo porque había estado corriendo de un lado a otro, él respondió: "Creo que debo orar acerca de qué carro llevarme".

En oración, el hombre sintió que el Señor le decía: *Llévate el carro de la empresa.*

Así que mi amigo se subió al carro de su empresa. Iba por la carretera interestatal 635, en Dallas, conduciendo a unos 100 kilómetros (65 mph) por hora cuando un piloto ebrio que iba a más de 160 kilómetros (100 mph) por hora voló por detrás y chocó contra mi amigo. El vehículo de mi amigo fue pérdida total y su espalda se lastimó mucho. Él no pudo trabajar por un tiempo. Hubo muchos gastos médicos y él perdió contratos en el trabajo.

Resultó que la persona que chocó contra él tenía una póliza de seguro que pagaba un máximo de $25,000 dólares. El carro personal que mi amigo dejó en casa, también tenía el mismo límite. Sin embargo, el carro de su empresa tenía una cobertura de un millón de dólares, suficiente para pagar por los gastos médicos y los salarios perdidos. Escuche, esa oración a las tres de la mañana fue una oración de $975,000 dólares.

Podemos preguntarnos por qué, sencillamente, Dios no detuvo el accidente; sin embargo, Dios tenía planes más completos que nosotros muchas veces no vemos. El punto es que mi amigo se detuvo para escuchar a Dios y luego obedeció.

De manera similar, Dios le respondió a David específicamente. Dios le dijo a David que subiera y atacara a los filisteos, pues Él los entregaría en manos de David (1 Crónicas 14:10). Ese es el punto crucial de la historia porque a estas alturas David tenía una palabra del Señor. Él tenía exactamente lo que necesitaba para proceder en fe. Si definimos la fe como tomarle la palabra a Dios, entonces necesitamos tener una palabra de Dios que podamos creer y llevar a cabo. La fe es nunca ser lanzados al vacío; la fe tiene que tener la palabra de Dios para apoyarse. David le había preguntado a Dios y Dios le había respondido. Una vez Dios nos dice qué hacer, entonces no nos estamos moviendo basándonos en presunciones. No necesitamos hacer de la fe una fábula, inventarla o conjurarla. Si le preguntamos a Dios, Él responde por medio de Su palabra, entonces podemos tener fe y llevar a cabo esa palabra.

Observe que la Biblia dice que los filisteos saquearon el valle de Refaim primero. *Refaim* significa "gigantes".² Los filisteos estaban tratando de enviarle a David un mensaje. Estaban usando claras tácticas de temor. Querían intimidarlo. David pudo haber respondido con mucha confianza. Pudo haber pensado: *Oigan, he matado gigantes antes, y no es la gran cosa.* O pudo haber respondido con temor. *Caramba, esos filisteos son algo grande. Una nación de gigantes acampando en el valle de gigantes.* Pero él no hizo ninguna de las dos cosas. Más bien, su reacción fue preguntarle al Señor. ¿Por qué es esto particularmente significativo?

Medítelo conmigo. Es significativo porque David no era un rey debilucho. Él era un guerrero de combate experimentado a este punto de su vida. A veces, cuando leemos sobre David en la Escritura, lo imaginamos como un muchacho con una honda. Pero esa es una imagen equivocada desde cualquier punto de vista. La Escritura describe cómo David mató a un león y a un oso cuando era un muchacho, y él no lo hizo a distancia. En más de una ocasión el persiguió enormes animales predadores, los golpeó y liberó a las ovejas de sus colmillos. Cuando un león o un oso lo atacaban, David lo agarraba de la cabeza y lo mataba. (1 Samuel 17:34–36). David tiene que haber sido un muchacho fuerte. Y para el tiempo que fue adulto, David debe haberse parecido a Conán el Bárbaro.

Él era grande, y era malo. ¿Qué clase de guerrero era? Este es el relato de otro incidente. Cuando David era un joven, le gustaba la hija del rey, Mical. Su padre le dijo a David que podía casarse con Mical, pero primero, David tenía que matar cien soldados enemigos. Eso molestó a David un poco, así que fue, empezó una riña y mató doscientos soldados enemigos, el doble de lo requerido (1 Samuel 18:25–27). Esto nos dice claramente que David era un guerrero poderoso, probablemente sin rival.

Entonces, ¿Por qué David le preguntó al Señor cuando el enemigo estaba en el valle de Refaim? David quería saber que su iniciativa no se llevaría a cabo por sus propias fuerzas. David tenía fortaleza y habilidad de su lado; sin embargo, él quería tener fe también. Claro está, él pudo haber atacado a los filisteos por su propia fuerza y habilidad. Pero David sabía que una fuerza y confianza mucho más grandes vendría de confiar en Dios.

¿Puede imaginarse la escena? Los soldados de David estaban totalmente preparados para la batalla, pero primero vieron a su rey apartarse y pasar algún tiempo de rodillas. Los soldados mayores deben haber codeado a los más jóvenes con una mirada conocedora. "Ese es nuestro rey en su sesión de estrategia", pudieron haber dicho. "Cuando regrese, tendremos una palabra de Dios. Vamos a ganar esta. Ya lo verán".

¿Qué relación tiene esto con usted y conmigo? No tendremos brechas abiertas en nuestra vida a menos que tengamos fe. Y no tendremos fe a menos que escuchemos a Dios. Así que no tendremos ninguna brecha abierta a menos que deliberadamente y con regularidad apartemos un tiempo para escuchar a Dios. Fe no es dar un salto a ciegas. La Biblia dice que la palabra de Dios es una lámpara a nuestros pies y luz a nuestro camino (Salmo 119:105). Cuando Dios nos da una palabra, tenemos suficiente luz para el próximo paso. La fe nunca es ciega. La fe confía en la Palabra de Dios —Su palabra escrita en la Biblia, directamente inspirada y perfecta— y Su palabra en situaciones específicas dicha directamente en nuestro corazón. Una vez escuchemos a Dios, entonces podremos tener fe verdadera.

Así fue el resultado de la batalla:

> Entonces subieron a Baal-perazim, y David los derrotó allí. Y dijo David: "Dios ha abierto brecha entre mis enemigos por mi mano, como brecha de aguas". Por eso llamó aquel lugar Baal-perazim. Y ellos abandonaron allí sus dioses, y David ordenó que fueran quemados (1 Crónicas 14:11–12).

Oré y estudié acerca de este pasaje durante dos meses antes de que pudiera entender el significado completo de él. Primera Crónicas 14, cuenta la historia, pero también se repite en 2 Samuel 5:17–21, con un pequeño cambio:

> Al oír los filisteos que David había sido ungido rey sobre Israel, todos los filisteos subieron a buscar a David; y cuando David se enteró, bajó a la fortaleza; y los filisteos llegaron y se esparcieron por el valle de Refaim. David consultó al Señor, diciendo: ¿Subiré contra los filisteos? ¿Los entregarás en mi mano?
>
> Y el Señor dijo a David: "Sube, porque ciertamente entregaré a los filisteos en tu mano".
>
> David fue a Baal-perazim, y allí los derrotó; y dijo: El Señor ha abierto brecha entre mis enemigos delante de mí, como brecha de aguas. Por eso llamó a aquel lugar Baal-perazim. Y ellos abandonaron allí sus ídolos, y David y sus hombres se los llevaron.

¿Ve el cambio? En 2 Samuel, está anotado que David fue quien llamó al lugar Baal-perazim, y al principio, eso me molestó. Baal era el nombre del dios falso de los filisteos, y Baal-perazim significa "el señor que abre brecha".[3] Entonces, ¿por qué lo llamaría David así? A primera vista, casi suena como si David está llamando a Baal el señor que abre brechas.

Pero esto es lo que encontré. Esta montaña en particular fue nombrada Monte Baal antes de esta batalla. El enemigo tenía un templo allí y los filisteos guardaban muchos de sus ídolos en ese templo. Este era el lugar donde el enemigo se sentía más fuerte y seguro. No hay duda en mi mente de que David le acredita la victoria a Jehová porque antes, en 1 Crónicas 14, él dice: "Dios ha abierto brecha entre mis enemigos por mi mano como brecha de aguas" (versículo 11). Además, observe que una de las primeras cosas que David hizo después de la batalla fue destruir los ídolos del enemigo, haya sido quemándolos con fuego o sacándolos, probablemente las dos cosas. Entonces, esta es la clave: David no estaba diciendo que Baal era el señor que abría brechas. David estaba diciendo que Baal había sido partido, abierto. Baal estaba derrotado. Los ídolos falsos fueron destruidos. David quería que después de eso, todos supieran que el lugar del templo pagano era el mismo lugar donde Baal fue acabado.

Esta es nuestra aplicación. El lugar en nuestra vida donde el enemigo piensa que es más fuerte es el lugar exacto donde Dios desea abrirnos la brecha. ¿Hay un área de su vida donde usted nunca ha podido ganar victoria? Este lugar puede ser un lugar Baal-perazim, un lugar donde el enemigo es totalmente vencido. Dios es el Señor que abre brechas. Dios le dará victoria en el área exacta donde usted no cree que pueda abrirse una brecha. Lo que se requiere es fe.

ORE Y OBEDEZCA

Sin embargo, la fe no es suficiente.

¿Lo impacta esa declaración? Necesitamos ser extremadamente cuidadosos aquí. Nuestra salvación siempre es por gracia a través de la fe solamente, no por obras para que nadie se gloríe (Efesios 2:8–9). Sin embargo, si queremos que se abra una brecha, necesitamos fe más algo adicional. ¿Sabe que es lo adicional?

Obras.

Santiago 2:17, dice: "Así también la fe por sí misma, si no tiene obras, está muerta". Si tenemos fe, pero eso es todo lo que tenemos, entonces, la Biblia indica que nuestra fe está muerta. Nada va a suceder. Una persona puede pasarse el día diciendo: "Ah, sí, yo creo en

Dios. Escucho al Señor siempre. Leo la Biblia a diario. Conozco lo que hay en la Escritura. Yo creo, yo creo, yo creo". Pero si todo lo que tiene es creencia, entonces, la Biblia indica que eso es nada. Hasta los demonios creen en Dios (Santiago 2:19). Así que necesitamos ponerle acción a nuestra fe para que esta pueda alcanzar cualquier cosa. Las buenas obras son la expresión de nuestra fe; por supuesto, "somos hechura de Dios, creados en Cristo Jesús para buenas obras" (Efesios 2:10, NVI).

Cuando un amigo mío estaba en la universidad, en unas vacaciones de verano solicitó empleo en un campamento cristiano. Él sabía que los campamentos pueden ser fantásticos campos de cosecha para el reino de Dios. Ahora bien, si usted es joven y nunca ha trabajado en un campamento, le recomiendo mucho la experiencia. En un receso de verano, ganará la experiencia y el crecimiento que normalmente le tomaría un año completo de estudios.

Así que mi amigo hizo su solicitud de empleo en enero para trabajar en este campamento y él creía verdaderamente que Dios lo quería allí. Sin embargo, en la primavera de ese año se enfermó. Cada mañana, durante un sinfín de semanas, él vomitaba. Visitó doctores y finalmente llegó a la raíz del problema y recibió unos medicamentos, pero los doctores dijeron que la medicina tomaría algún tiempo en hacer efecto, y que posiblemente tendrían que probar un par de medicamentos diferentes antes de tener una que funcionara. Así que ahora mi amigo tenía que tomar una decisión. ¿Debía todavía trabajar en este campamento o no? El campamento requiere mucha energía física, y mi amigo sabía que él no la tenía.

Terminó el año universitario, y mi amigo regresó a la casa de sus padres durante dos semanas antes de que el campamento empezara. Contactó al director del campamento y le informó de su situación. El director le dijo sabiamente que orara al respecto, así lo hizo mi amigo. Oró cada día durante dos semanas pidiendo que Dios le diera una palabra específica acerca de si debía ir al campamento o no. Aún se sentía enfermo durante este tiempo.

Un versículo que lo impactó fue 2 Pedro 5:2, donde Pedro

exhorta a los líderes cristianos jóvenes: "cuiden como pastores el rebaño de Dios que está a su cargo, no por obligación…, sino con afán de servir" (NVI). Él sabía que Dios no lo estaba forzando a ir al campamento. Pero mi amigo estaba definitivamente dispuesto a ir. Él quería ser parte de este importante pastoreo ministerial. Aun así, él buscó escuchar la voz de Dios de manera más cercana respecto a esto.

El tiempo pasaba. Él necesitaba darle al director del campamento una respuesta final el martes, antes de las cuatro de la tarde, cuando habían acordado hablar. Así que mi amigo oraba específicamente que Dios le hablara antes de esa fecha y hora. Cada día, él oraba y oraba, pero solo recibía silencio. Entonces, cinco minutos antes de las cuatro de la tarde del martes, mi amigo estaba recostado en su cama, sintiéndose todavía con náusea. Estaba orando específicamente sobre si Dios lo quería a él en este lugar de cosecha, y leyó Miqueas 4:13: "¡Levántate! ¡Ponte a trillar!" (NVI).

Estas fueron palabras importantes. De inmediato, el Señor puso en su corazón que, definitivamente, él debía ir al campamento. Él tenía que levantarse de su lecho de enfermedad e ir a ese ministerio para trillar una cosecha espiritual. Él debía dar un paso de fe, creer que Dios había hablado, confiar en su palabra y comenzar este ministerio.

Incluso con esa palabra específica del Señor, ¿sabe lo que todavía tenía que suceder? Mi amigo aún necesitaba actuar. Él tenía fe, y ahora necesitaba hacer algo al respecto. Y lo hizo. Aunque todavía se sentía enfermo, mi amigo llamó al director del campamento en ese mismo momento y le dijo que iría a trabajar. Luego, al día siguiente, puso sus cosas en el carro y condujo durante cinco horas hacia el campamento. Por encima de la oración, él aún necesitaba moverse en la dirección a donde él creía que Dios quería que fuera.

La buena noticia de esta historia es que antes de una semana de estar en el campamento, mi amigo ya no se sentía enfermo. Su estómago había sanado, se sintió bien a partir de ese momento, y ese verano resultó ser una experiencia maravillosa donde muchos jóvenes fueron acercados a Jesús.

La misma acción se requería del rey David, tal como es requerida de usted y de mí; fe y obras, oración y obediencia. Justo después de que David destruyó los ídolos, los filisteos regresaron por otra batalla. Primera Crónicas 14:13–17 retoma la historia:

> Después los filisteos hicieron de nuevo otra incursión en el valle. David volvió a consultar a Dios, y Dios le dijo: "No subas contra ellos; dales un rodeo por detrás, y sal a ellos frente a las balsameras. Y cuando oigas el sonido de marcha en las copas de las balsameras, entonces saldrás a la batalla, porque Dios ya habrá salido delante de ti para herir al ejército de los filisteos". David hizo tal como Dios le había mandado, e hirieron al ejército de los filisteos desde Gabaón hasta Gezer. La fama de David se extendió por todas aquellas tierras, y el Señor puso el terror de David sobre todas las naciones.

Es una extraña palabra del Señor, ¿verdad? "cuando oigas el sonido de marcha en las copas de las balsameras, entonces saldrás a la batalla" (versículo 15). No puedo imaginar ese sonido; ¿usted sí? Y debe haber sorprendido a los generales de David cuando él les relató lo que había escuchado de Dios. Recuerde: ellos acababan de haber atacado a los filisteos y ganaron. Pero ahora no debían atacarlos de la misma manera otra vez. La palabra del Señor era ir por un bosquecillo de balsameras y esperar el sonido de marcha en las hojas. Esa era la señal para atacar. Puedo imaginar a algunos de los soldados rascándose la cabeza y diciendo: "Bueno, no es la manera más convencional para ganar una batalla. Pero intentémoslo".

Vea, no solo se necesitó fe, también se necesitó acción. David escuchó al Señor, y luego él necesitaba poner en práctica lo que oyó. Permítame darle otra definición de acción u obras: obediencia.

En otras palabras, cuando escuchamos que Dios nos dice algo, necesitamos obedecer. Cuando le preguntamos al Señor y Él endereza nuestros caminos, entonces necesitamos correr en dirección de esos caminos derechos. Una definición simple de *obediencia* es hacer lo que Dios dice. Obedezca lo que escucha que Dios le dice que haga.

En Mateo 7:24–27, Jesús está predicando el Sermón del Monte, y dice:

> "Por tanto, cualquiera que oye estas palabras mías y las pone en práctica, será semejante a un hombre sabio que edificó su casa sobre la roca; y cayó la lluvia, vinieron los torrentes, soplaron los vientos y azotaron aquella casa; pero no se cayó, porque había sido fundada sobre la roca.
>
> "Y todo el que oye estas palabras mías y no las pone en práctica, será semejante a un hombre insensato que edificó su casa sobre la arena; y cayó la lluvia, vinieron los torrentes, soplaron los vientos y azotaron aquella casa; y cayó, y grande fue su destrucción".

Este hombre sabio escuchó la voz de Dios y obedeció.

El hombre insensato también escuchó la voz de Dios. Pero hizo lo que quiso. Construyó su casa sobre la arena. Vinieron los torrentes, soplaron los vientos y la casa se cayó.

La fe requiere acción y tiene que ser la acción de la obediencia. Si usted quiere que se abra una brecha para sus finanzas, entonces Dios lo invita a hacer algo más que orar para salir de deudas. Él quiere que diezme, que gaste solamente según sus posibilidades, que administre su dinero y que viva bajo un presupuesto. Tiene que alinearse con la dirección que Dios quiere y, luego, ir por ese camino.

Si quiere que se abra una brecha para su familia, Dios le invita a apartar deliberadamente un tiempo para invertirlo en cada miembro. Esfuércese en comunicarse, en escuchar y ser comprendido. Sea amable. Perdone. Ame con osadía. No se aleje.

Si quiere que se abra una brecha para salir de la adicción, Dios le invita a hacer lo que sea necesario para andar por la senda de la libertad. Esté dispuesto a sentir incomodidad. Dispuesto a poner a un lado los placeres del pecado. Ore por liberación. Póngase a sí mismo en línea con el plan de Dios para su vida.

Fe y obras.

Escuche y obedezca.

EL ALIVIO DE CONFIAR EN DIOS

Hace algún tiempo, después de que mi sobrina Erin se graduó de la universidad, tenía un empleo que detestaba. Era un ambiente laboral negativo, donde muchos de los trabajadores estaban descontentos y esa actitud podía ser contagiosa. Erin se sentía frustrada con su empleo, ella no sabía qué hacer al respecto. Sentía que el Señor la estaba rechazando; que de alguna manera Dios le había dado menos de lo que esperaba.

Erin asistió a una conferencia para mujeres que llevamos a cabo cada año en Gateway. Oró pidiéndole a Dios que le mostrara si debía seguir en su empleo o dejarlo. Si debía dejarlo, ¿a dónde debería ir? Lo que Erin anhelaba era que se abriera una brecha.

Este es el resto de la historia en sus propias palabras:

Vine a la conferencia esperando escuchar realmente al Señor. Recuerdo haber orado por la voz de Dios. Pensaba que quizá Dios quería que me quedara en ese empleo porque quería que yo diera testimonio allí. Pero, más o menos a la mitad de la conferencia, Dios abrió una brecha y me indicó que algo más estaba sucediendo. El Señor me estaba permitiendo estar en ese empleo porque era una experiencia estratégica en mi vida. Trabajar allí en realidad era un regalo que Dios me estaba dando. Era una oportunidad si optaba por recibirla. Dios estaba desarrollando cosas vitales en mí.

En la conferencia, estábamos en una sesión donde el orador hablaba acerca de cómo, en condiciones normales, se necesitan solamente once días para caminar la distancia entre Egipto y la tierra prometida. Pero a los israelitas les tomó cuarenta años caminar la misma distancia. ¿Por qué? Debido a la dureza de su corazón. Ellos eligieron no obedecer a Dios. Así que yo sabía lo que estaba frente a mí, podía tener un recorrido de once días o de cuarenta años. Mucho de ello dependería de mi respuesta a la voz de Dios. Seguí orando en cuanto a lo que debería hacer en mi empleo, y Dios dijo:

No voy a decirte eso, Erin, pero sí te voy a decir lo que quiero que hagas este próximo lunes. Cuando regreses a trabajar, quiero que cambies tu actitud. Quiero que cambies la forma en que piensas acerca de las cosas. Quiero que sepas que Yo te pongo en ciertas experiencias por una razón. Soy un Dios bueno y siempre tengo un propósito para todo. Así que quiero que pases de sentirte desanimada, engañada y desilusionada a creer y actuar como si supieras que Yo soy bueno y que tengo un propósito para todo. Incluso en esto.

Me fui de la conferencia el sábado sintiéndome emocionada por haber escuchado al Señor. Ahora, yo necesitaba involucrarme. Necesitaba cambiar mi manera de pensar antes del lunes. Decidí confiar en el Señor y también actuar de esa manera. Definitivamente, lo que Dios dijo tenía sentido:

Erin, me pediste una palabra y te la he dado. Así que ahora, ¿qué vas a hacer al respecto? Tu reacción a lo que te dije va a determinar cuánto tiempo pasas en esta etapa de tu vida. Te he dado la palabra que me pediste. Ahora necesitas seguir y hacer lo que te dije que hicieras.

Claro está, una realidad era que yo detestaba mi trabajo y me sentía deprimida, pero también había otra realidad que, al confiar en Dios, yo podía cambiar mis expectativas y decidir ser positiva en cuanto a mi vida y circunstancias, sabiendo que Dios nos ama y tiene cuidado de nosotros y que todo obra para nuestro bien.

Y las cosas sí cambiaron. Vi cómo Dios estaba desarrollando gratitud y perspectiva en mí, rasgos de carácter que nunca podría haber tenido si no hubiera pasado por esta experiencia difícil.

No habían pasado ni dos meses cuando el Señor me liberó de ese empleo y tenía cuatro ofertas de trabajo en menos de una semana. Acepté una de esas ofertas y ahora estoy en ese empleo, y es el mejor de todos.

Ahora sé que el tiempo de Dios era perfecto. Estuve en mi primer empleo por año y medio. Todos los que me rodeaban me decían que debía salirme de ese trabajo, pero yo no sentí que el Señor quería que lo hiciera. Ahora puedo ver que, si hubiera renunciado en ese entonces, me habría perdido de la gran oportunidad que Dios tenía reservada para mí en el momento justo porque el trabajo maravilloso que tengo ahora no estuvo disponible hasta el momento exacto.

Veo un patrón similar con muchos de mis amigos y sus empleos. Están descontentos, y hasta podrían sentirse que Dios les dio menos de lo esperado, que de alguna manera Dios los está rechazando. Sin embargo, la verdad es que Dios le ama, y que Él lo puso allí por una razón. Mientras más empiece a escuchar la voz de Dios, buscando esa razón y tratando de comprenderla en lugar de enfadarse por ella, más pronto va a encontrar el valor en ella, porque hay valor en ella. Hay una razón.

Amigo, nuestra vida está llena de ruidos constantes que compiten por nuestra atención. Sin embargo, muchos de nosotros nunca escucharemos la voz que tanto anhelamos escuchar. En medio de todo ese ruido en nuestra vida, Dios está hablando. ¿Lo escuchamos? Y cuando lo escuchamos ¿obedecemos?

Escuchar a Dios es lo que diferencia nuestra vida como creyentes.

Debido a que tenemos una relación personal con Dios, podemos escuchar Su voz. Si usted está anhelando que se abra una brecha hoy, entonces le animo a agradecerle al Señor que le haya dado la capacidad de comunicarse con Él espiritualmente. Agradézcale que Él quiere hablar con usted. Dios siempre es bueno. Él siempre nos ama. Pídale que le ayude a reconocer Su voz y a seguir Su dirección. Comprométase a escucharlo. Y luego, obedezca Su voz. Alábelo por darle la oportunidad de interactuar con Él, el Creador del universo. Estoy tan agradecido de que nuestro Dios hable. Estoy muy agradecido de que Él no haya perdido Su voz dos mil años atrás. Estoy muy agradecido de que Dios no cambia (Malaquías 3:6). Estoy tan agradecido de que Jesús es el mismo ayer, hoy y por siempre (Hebreos 13:8). Estoy tan agradecido de que Él desea tener una relación íntima, continua, apasionada y vital con nosotros. Estoy muy agradecidos de que nuestro Dios desea escucharnos y hablarnos. Jesús lo dijo muy claramente en Juan 10:27, "Mis ovejas oyen mi voz, y yo las conozco y me siguen".

Podemos escuchar la voz del Pastor. Podemos escuchar a Dios. Amén.

UNA ORACIÓN PARA ESCUCHAR LA VOZ DE DIOS

Padre Dios, empiezo adorándote. Digo junto con el salmista que los cielos declaran Tu gloria, y los cielos muestran la obra de Tus manos. Eres Poderoso, y a ti te debemos toda fuerza, adoración y gloria. Te adoro, Señor, en la belleza de Tu santidad. Tú reinas y alabo Tu grande e increíble nombre, pues Tú eres Santo. Tú amas la justicia. Tú eres recto. Te exalto, Señor, y adoro frente a Tu trono. Eres grande. Siempre eres bueno. Amén.

Jesús, Dios altamente te ha exaltado y concedido el nombre que es sobre todo nombre, para que, ante el nombre de Jesús, toda rodilla se doblará en el cielo y en la tierra y debajo de la tierra, y toda lengua confesará que Jesucristo es el Señor. Digno eres Tú, nuestro Señor y Dios, recibe la gloria, honor y poder pues en ti fueron creadas todas las cosas y por Tu voluntad existirán y fueron creadas. Amén.

Oh, Espíritu Santo, eres eterno. Tu presencia está en todas partes, y Tu mano nos dirige, y Tu diestra nos sostiene. Tú escudriñas todas las cosas, incluso las cosas profundas de Dios, Tú revelas esas cosas a quienes te aman. Tú eres nuestro ayudador, Espíritu Santo, y el

Padre te envió en el nombre de Jesús, diciendo que Tú nos enseñarás todas las cosas y traerás a la memoria todas las cosas que Jesús dijo. Amén.

Oh Dios, confieso todos mis pecados. Eres fiel y justo para perdonar y limpiarme de toda injusticia. Permite que las palabras de mi boca y la meditación de mi corazón sean aceptables delante de Ti, Oh Señor, mi fortaleza, mi redentor. Tú prometes que, aunque mis pecados sean como el rojo carmesí, serán blancos como la nieve. Amén.

Ayúdame, siempre, por Tus misericordias, a presentarme como un sacrificio vivo, santo y aceptable delante de ti, el cual es mi acto espiritual de adoración. Oh Señor, no quiero conformarme a este mundo, sino quiero ser transformado por la renovación de mi mente, que al ser probado pueda discernir cuál es la voluntad de Dios, qué es lo bueno, aceptable y perfecto. Amén.

Oh Señor, la Escritura me recuerda que Tú nos invitas a acercarnos a ti, y que Tú te acercarás a nosotros. Entro por Tus puertas con acción de gracias y por Tus atrios con alabanza. Te doy gracias y bendigo Tu nombre. Amén.

Señor, Tu Palabra nos dice que Tú sacas a tus propias ovejas y vas delante de ellas, y las ovejas te siguen pues ellas reconocen Tu voz. Ayúdame a escuchar y a reconocer Tu voz. Oh Señor. Quiero acallarlo todo y solo escucharte a ti. Jesús, traigo a mi memoria que Tú nos llamas amigos tuyos y que las cosas que Tú escuchas de Tu Padre nos las das a conocer. Oh Señor Jesús, ayúdame a vivir siempre como Tu amigo. Amén.

Dios, Tu Palabra es lámpara a mis pies y luz a mi camino. Oro por la luz de Tu Palabra en mi vida. Tú anhelas encontrarte conmigo y hablarme, y oro por esa relación cercana contigo. Con valentía vengo delante de Tu trono de gracia para obtener misericordia y hallar gracia para ayudarme en mi necesidad. Amén.

Oro las mismas palabras de Samuel: "Habla Señor que tu siervo escucha". Te pido que no escuche nada más sino Tu voz. Te pido que confirmes Tu voz a través de Tu Palabra. Llévame a la escritura que deseas que lea. Dirige mis caminos y enderézalos. Graba en mi corazón Tu palabra para mi vida. Amén.

Oro por la paz de Dios que gobierna en mi corazón, que Tu Palabra y paz sean el factor decisivo en mi manera de vivir. La Escritura me recuerda que eres un Dios bueno. Toda buena dádiva y todo don perfecto vienen de lo alto y desciende del Padre de las luces, con el cual no hay cambio ni sombra de variación.

Ahora te pido fortaleza y poder por medio de Tu Santo Espíritu para obedecer Tu Palabra. Declaro en oración las palabras de la Escritura que soy hechura de Dios, creado en Cristo Jesús para hacer buenas obras, las cuales Tú preparaste de antemano para mí. Amén.

Todo esto lo pido por el Señor Jesucristo.

Amén.

RECONOCIMIENTO

Quiero agradecer a mi buen amigo y colaborador en el reino, Marcus Brotherton. Dios te dio talentos, eres un regalo de Dios, y un regalo para el cuerpo de Cristo.

ACERCA DEL AUTOR

Robert Morris es el fundador y pastor principal de *Gateway Church*, una iglesia que tiene varias sedes en el Metroplex de Dallas – Fort Worth. Desde sus inicios en el año 2000, la iglesia ha crecido a más de treinta y seis mil miembros activos.

Robert se presenta en el programa semanal de televisión *The Blessed Life* [Una vida de bendición] y es director del consejo de *The King's University*. Él es autor de varios libros en la lista de los mejor vendidos, incluyendo: *Una vida de bendición, Del sueño al destino, El poder de sus palabras, El Dios que nunca conocí* y *Verdaderamente libres*.

Robert y su esposa, Debbie, han estado casados por más de treinta y seis años y son bendecidos con tres hijos casados y seis nietos. Puede seguir a Robert en Twitter @PsRobertMorris.

NOTAS

INTRODUCCIÓN:
¿CÓMO PUEDO ESCUCHAR A DIOS?
1. A. W. Tozer. *La Búsqueda de Dios.* Moody Publishers, 1977.

CAPÍTULO UNO:
LA BELLEZA DE SER OVEJA
1. Dallas Willard, *Hearing God* (Downers Grove, IL: IVP Books, 2012), 76–78.

CAPÍTULO DOS:
¿POR QUÉ ESCUCHAR A DIOS?
1. Dallas Willard, *Hearing God* (Downers Grove, IL: IVP Books, 2012), 60.

CAPÍTULO CUATRO: ESCUCHE LA VOZ DE
DIOS POR MEDIO DE LA ADORACIÓN
1. James Strong, *Nueva Concordancia Exhaustiva de la Biblia* (2002): 4137.

CAPÍTULO SEIS:
PIDA CONFIRMACIÓN
1. Estoy en deuda con la misionera Jean Darnall por su enseñanza en este tema.
2. James Strong, *Nueva Concordancia Exhaustiva* de la Biblia (2002): 1017.

CAPÍTULO SIETE:
SEA UN MAYORDOMO DE LA VOZ DE DIOS
1. Proverbios 1:5, 11:14, 12:15, 24:6.
2. 1 Samuel 8:10; 1 Reyes 22:19; 1 Corintios 14:3; 1 Timoteo 4:14.

3. Génesis 31:11, 37:5; 1 Reyes 3:5; Hechos 16:9, 10:17; Apocalipsis 1:10.

4. James Strong, *Nueva Concordancia Exhaustiva de la Biblia* (2002): 473 y la voz media de 5021.

5. Kirk Dearman, "Traemos sacrificios de alabanza".

6. James Strong, *Nueva Concordancia Exhaustiva de la Biblia* (2002): 3107 una forma prolongada de la poética *makar* (que significa lo mismo).

Capítulo ocho:
Reconozca la voz de Dios para beneficio de otros

1. Watty Piper, *La pequeña locomotora que sí pudo*, edición original clásica. (Nueva York: Grosset & Dunlap, 1992).

2. Estoy agradecido por el pensamiento de John Eldredge en cuanto a este tema. Vea su libro *Fathered by God* (Nashville, TN: Thomas Nelson, 2009).

3. William Ralph Featherson. Himno: Oh Cristo, te adoro. Música Adoriam Gordon. https://historiasdehimnos.blogspot.com/2013/06/oh-cristo-te-adoro.html

Capítulo nueve:
Escuche la voz de Dios para beneficio de otros

1. Mateo 24:36, 50; Mateo 25:13; Marcos 13:32.

2. John Davis, *Davis Dictionary of the Bible*, edición revisada (Nashville, TN: Royal Publishers, Inc., 1973), 658.

3. Johannes P. Louw y Eugene Nida, *Greek-English Lexicon of the New Testament Based on Semantic Domains*, 2 edición, vol. 1 (Nueva York: United Bible Societies, 1996), 542:53.79.

4. Alec Rowlands, *The Presence: Experiencing More of God* (Grand Rapids, MI: Tyndale Momentum, 2014), 155–6.

Capítulo diez:
Escuche la voz de Dios para avanzar

1. Para un enfoque más completo en el tema acerca de guerra espiritual, vea mi libro *Verdaderamente Libres* (Casa Creación, 2016).

2. James Strong, *Nueva Concordancia Exhaustiva de la Biblia* (2002): 6010; y Francis Brown, S.R. Driver y Charles A. Briggs, Enhanced Brown-Driver-Briggs Hebrew and English Lexicon (Oxford: Clarendon Press, 1977), 952.

3. James Strong, *Nueva Concordancia Exhaustiva de la Biblia* (2002): 1188, de 1167 y el plural de 6556.